復原模型で見る
日本の歴史

［監修］
東京大学名誉教授
五味文彦

［編集］
元文化庁主任文化財調査官
坂井秀弥

山川出版社

〈 目 次 〉

凡例
1.「復原」と「復元」に関して、本書のタイトルは「復原」ですが、施設によって文言の使い方に差異があり、解説をいただいた文章はそのまま掲載しました。
2. 解説文は各模型を展示あるいは所蔵している施設に依頼しましたが、無記名のものは各種資料を基に編集部がまとめています。
3. 文中の敬称は略させていただきました。
4. 復原模型の並びは紙面の都合で時間軸に沿っていない場合もあります。

はじめに

日本の歴史の流れや人々の生活を知ろうとするならば、その目に直接に飛び込んでくる模型に勝る物はない。目で見ることにより、文献に記されていないことも実感し、絵に描かれているものを立体的に捉え、発掘されたものがいかに使用されていたのか知るからである。

旧石器から縄文、弥生、古墳時代には主に発掘した遺物や遺跡から模型がつくられている。この時代には多くの遺物が地下から掘り出され、遺構が残存しているので、それらをいかに見える化すべきか思案し、工夫を種々重ねてつくられたのである。

飛鳥・奈良時代には文献が記されるようになり、正倉院の遺物や大寺院の建築・仏像が伝わっていることから、発掘の成果をもあわせ、大規模な都の造営や地方の農民の姿がこれもまた工夫を重ねてつくられた。

平安時代も院政期になると、絵巻が描かれるようになったことで、以前の発掘や伝承品で復原されてきたものが、絵巻をも加えてより具体的な姿をよみがえらせることができるようになった。その絵巻がもっとも多く描かれた鎌倉時代には、政権の置かれた鎌倉が東国にあったことから、地方の社会の動きが見えるようになり、地方の文化が描かれた。

室町時代はさまざまな型が形成され、武士の型、武家政権の型、能による人間の型が生まれ、それが後世に変容を受けつつ伝わったので模型にする素材は少ないが、戦国時代になると、城郭が造営、城下町が形成され、屏風が大量につくられ、それらを利用し模型がつくられた。

江戸時代になると模型をつくる素材を事欠くことがなくなり、あらゆる階層や身分、職業、演劇の人々の様相を模型にすることが可能になって、もっとも多くの模型がつくられた。明治時代になると逆に少なくなるが、それは大型であり、次々に改造され、破却・構築が繰り返されたためである。

多くの模型は歴史博物館に展示されているが、それは博物館の学芸員を中心に、研究者が集まってプランを練り、いかに実物や実際の風景としてふさわしいものかを考え、試行錯誤を経てつくられたものであるが、実物そのものではないことだけは注意して見られたい。

［五味文彦］

旧石器・縄文時代

人類の歴史は600万年前にさかのぼるが、日本列島では今のところ約3万8000年前の後期旧石器時代にはじまる。当時の気候は格段に冷涼で、海水面は今より120m以上低いとされ、地形や環境は大きく異なっていた。打製のナイフ形石器や尖頭器などでつくった槍でナウマンゾウなどの大型獣の狩りをした。住居跡はみつかっていないが、石蒸し調理や落とし穴による狩りも行われていた。

約1万6000年前、土器が発明され、縄文時代がはじまった。次の弥生時代まで1万3000年ほど続く。縄目を施した土器が特徴的であり縄文時代と称された。土器により煮炊きすることが可能になり、食材や調理法が広がった。弓矢も発明され獲物も多様化し、ドングリやクルミなどの堅果類、マメ類などの植物食も豊富であった。農耕は未発達であったが、定住生活が定着し、地面を掘り下げて屋根をかけた竪穴住居が普及した。集落には広場や墓、廃棄場、道路などが計画的に配置されており、文化の発達がうかがえる。東・北日本の前・中期には集落や人口もかなり増加したが、中期末・後期初め（4000年前）には気温の低下により一気に減少したと推定される。この後、土偶や石棒などの呪術品やストーンサークルなどの墓が発達し、社会のあり方が変化したことが知られる。

［坂井秀弥］

■旧石器人の狩り

約2万年前の瀬戸内海　瀬戸内海が大きな盆地だった約2万年前を復元した。氷河期で気候は現在の北海道と同等、この時期に中国大陸からナウマン象やオオツノジカを追ってきた人々がこの地の先祖とされる。主に石槍で狩りをしたが獲物の大型動物は氷河期が終わり暖かくなると絶滅、旧石器人は力を合わせ環境変化を生き抜いた。
ジオラマ制作では香川県坂出市の小高い地点から北側を見た風景の精密な再現に注力した。眼前に盆地状の地形が広がり、奥側に岡山方面の山々が見えていたはず、との推定にもとづく。手前に配した植物類は、当時生えていたとされる植物種と同一の現存植物を入手して処理、温暖化のため県内に自生せず遠方から取り寄せた松（チョウセンゴヨウ）もある。平成11年（1999）完成、幅約330cm×奥行約260cm×高さ約380cm。[香川県立ミュージアム所蔵]

旧石器・縄文時代

上野原遺跡の復元集落　縄文時代早期前葉の集落を復元したものである。集石や連穴土坑などの調理施設で石蒸し料理やくん製料理をつくる様子や、狩猟の様子、竪穴住居の建築の様子などを見ることができる。

上野原遺跡は鹿児島県霧島市に所在する縄文時代早期を代表とする遺跡である。平成3年（1991）度から本格的な発掘調査が行われ、縄文時代早期後葉に祈りやまつりを行ったと考えられる場所からは，対で埋められた壺形土器や土偶、耳飾り、異形石器などが多数出土した。うち767点は平成10年に国の重要文化財に指定されている。また、縄文時代早期前葉の集落跡からは、2条の道跡や52軒の竪穴住居跡、調理施設である39基の集石遺構や16基の連穴土坑などが発見されており、平成11年に「国内最古・最大級の定住化した集落跡」として国史跡に指定された。［上野原縄文の森所蔵／文］

中野谷松原遺跡　この模型は、群馬県安中市（あんなか）にある中野谷松原遺跡の発掘調査成果にもとづき、縄文時代前期（およそ6000年前）のムラの様子を再現した。背景に見えるのは妙義山（みょうぎさん）で、当時もその姿を望むことができたと考えられる。季節は実り豊かな秋を表現した。橙や黄色に色づき始めている森のほか、ムラの中やすぐ近くには赤く紅葉した漆を配した。縄文人は、漆や食べられる実がなる植物はムラの近くで管理したことが明らかになっている。ムラの中や外から入ってくる道は発掘調査ではみつからなかったが、川の方角や地形をもとに、縄文人が水を汲みに行った道などを想像復元した。［群馬県立歴史博物館所蔵／文］

中野谷松原遺跡 大型建物　竪穴住居や建物は中央の広場を中心にした環状集落だった。住居と建物の大きさや位置は忠実に再現しているが、壁や屋根の様子は発掘調査ではわからなかったため、他の遺跡の例を参考に推定復元した。調査では広場の北側に大きな柱穴が並んでみつかり、大型の建物跡と考えられたため、各地の復元例を参考に作成した。規模が大きく他の建物とはつくりが違うため、集会所のような共用の建物だったとみられる。建物の前ではこれから出かける狩りの打ち合わせだろうか。［群馬県立歴史博物館所蔵／文］

中野谷松原遺跡 農作業　ムラの中や付近ではダイズが栽培されていた。写真はムラ人が畑の手入れをしているところ。近年、縄文時代の植物利用について研究が大きく進展している。土器の表面に見られる圧痕（押されてできた跡）を型取りし、高倍率の顕微鏡で観察して種類を調べる「レプリカ法」により、ダイズの利用が従来考えられてきた弥生時代よりもさかのぼって縄文時代から行われたことがわかってきた。中野谷松原遺跡ではダイズの痕跡はみつからなかったが、山梨県や長野県で縄文時代のダイズ利用が確認されていることから、地域が近い中野谷松原の縄文人もダイズを栽培していた可能性があるのでは、と想像復元した。［群馬県立歴史博物館所蔵／文］

武蔵台遺跡　武蔵台遺跡は、武蔵野台地最古の旧石器時代の遺跡として知られるが、縄文時代早期の良好な集落遺跡でもある。この模型は、発掘調査成果を土台に、地形・湧水・植生など集落周辺の景観を含めて復元。33棟みつかっている早期の竪穴建物のうち5棟を同時存在と推定し配置した。ドングリの採集・加工、落とし穴・弓矢での狩猟、湧水汲み、子どもたちの遊ぶ姿など、人々の営みもわかる。堅果類の利用など縄文らしさが反映できるよう、季節は秋（10～11月上旬）を選んだ。大きさ2.5m×3.0m、縮尺140分の1。ただし、立体感を出すために地形立面は100分の1とした。［府中市郷土の森博物館所蔵／文］

ムラでの狩猟　手前で弓矢を構えるのは壮年男性2人。その先には茂みのなかに逃げていくニホンジカ。30mほど離れた場所から長さ80cm前後の弓を使ってシカを仕留めようとしている狩りの光景を示す。手前の男性のそばにいるのは小～中型のイヌ。神奈川県夏島貝塚で出土した早期のイヌの骨を根拠に、猟犬がいたものとして復元した。本来、集落近くは狩猟場とならないが、限られた模型空間に人々の営みを再現するため、けもの道をつくってその付近を狩り場とした。人と動物の縮尺は100分の1で、弓を持つ人は高さ約1.5cm。集落や森の中にいる縄文人や動物の様子から当時の暮らしを垣間見ることができる。［府中市郷土の森博物館所蔵／文］

冬の狩り　縄文人の暮らしを実物大の模型で再現した「縄文人の世界」。日本列島の四季に合わせて自然の中で生きる様子を、「冬の狩り」「春の採集」「夏の海」「秋の広場」の四場面に分けて紹介している。
「冬の狩り」は、縄文時代の狩猟の一例を、現代に残る狩猟集団マタギの習俗を参考に再現している。雪が降り積もった冬山で、縄文人がイヌとともにシカを追いかけて弓矢で仕留め、解体する場面である。見習いとして参加する子どもの姿もある。狩りに必要な知識と技を修得するためと考えられる。背後には手を合わせて祈りをささげる人物も。生き物の命を奪う狩猟には宗教的観念が伴っていたことを示す。[新潟県立歴史博物館所蔵／文]

春の採集　現在も盛んな春の山菜採りを参考に再現した食料採集の様子。住まいからそう遠くない森林に分け入り、さまざまな山菜を採集する。狩猟と比較して、安定的に食料を集められるのが採集活動だ。中にはトリカブトのように有毒なものもあるため、食用の可否を見分ける知識や経験が求められた。[新潟県立歴史博物館所蔵／文]

夏の海　縄文時代の漁撈(ぎょろう)の再現。写真はムラから離れた海岸まで遠征した初夏の様子で、砂浜で採集できる貝類のほか、海に潜って獲ったアワビや海藻、海上に漕ぎ出て釣ったタイなど多様な魚介類を並べた。それらを処理して保存食料に加工する場面である。貝塚の発掘調査成果により、フグのように有毒部位のある魚も食料にしていたことが判明。また、現代に残る漁撈の民俗知を参考に、見えない海中の魚群を空の海鳥を通じて追跡する技術や、陸の山野草から魚介類の旬を推察する知恵なども、復元模型に盛り込まれている。〔新潟県立歴史博物館所蔵／文〕

秋の広場　ムラから周辺の山野に出て、クリなどの木の実を集め、あるいは河川を遡上するサケの大群をさらい、保存食料として雪深い冬に備えたことを示している。そのため、ムラの広さに対して人があまりいない情景である。その一方で、土器づくりや丸木舟づくりがムラの中で行われた様子を紹介し、天候が安定する秋に集中する作業の多さを再現している。〔新潟県立歴史博物館所蔵／文〕

旧石器・縄文時代

三内丸山遺跡　三内丸山遺跡を北西上空から望んだ写真（左）。三内丸山遺跡は、陸奥湾に面する青森平野より一段高い標高約20mの台地上にある。遺跡の面積は約42ha。脇に墓が並んだ長大な道路跡がみつかっており、谷を隔てて北側（写真手前）に約420m、南側（写真奥）に約370mにもおよぶ。

復元建物は発掘調査でみつかったそれぞれの遺構の上につくることを原則としている。ムラが最盛期を迎えた約5000年前の建物を中心に復元し、当時の様子がイメージできるようになっている。盛土や子どもの墓などは実物を覆屋内で公開している。ムラでは場の使い分けがなされていた。写真（上）左側の大型掘立柱建物や、中央に見える大型竪穴建物は、人々が共同で使う場所であった。その向こうに10軒点在する竪穴建物は家族などの単位で居住する場所であった。［三内丸山遺跡センター所蔵／文］

大型竪穴建物　遺跡でみつかった建物跡でもっとも床面積が大きい竪穴建物を復元した。建物跡は長さ32m、幅9.8m、面積約250㎡。復元建物は発掘調査でみつかった柱穴の位置などをもとにつくられた。建物跡の西寄りには石を並べた1.8m×1.3mの炉がみつかっている。この巨大な建物の使用目的としては、ムラの集会場、共同の作業場、共同家屋など諸説ある。［三内丸山遺跡センター所蔵／文］

大型掘立柱建物跡調査風景　大規模な建物を支える柱の跡、すなわち柱穴が、沖館川が流れる遺跡北側の台地上、縁に近い部分からみつかった。柱穴は大きなもので直径2mを越え、柱の間隔は縦横とも4.2mと規則的な配置となっていた。また、計6個の柱穴のうち4個には、実際に柱として使われていた木柱の一部が比較的良好な状態で残存していた。木柱は最大で直径103cm、いずれも材質はクリで、柱の底面には石斧で成形した跡が明瞭に残っている。［三内丸山遺跡センター所蔵／文］

大型掘立柱建物　調査でみつかった柱穴の配置や木柱をもとに、建物の柱の間隔は4.2mとし、直径約1mの太さのクリ材を用いている。3層の床を設け、柱の高さは地上14.7mとした。用途は、物見やぐら、祭祀の施設などの説があるが、明確にはわかっていない。[三内丸山遺跡センター所蔵／文]

旧石器・縄文時代

黒曜石の採掘　長野県霧ケ峰高原の一画にある星糞峠は黒曜石の原産地で、縄文時代の黒曜石採掘跡が発見された。黒曜石はナイフや鏃（やじり）などの石器をつくるための重要な素材で、現代では当時の交易範囲の解明など考古学的に貴重な指標にもなっている。

この展示は、型取りした黒曜石の採掘坑と、縄文人がその穴に投げ捨てた土砂の地層断面を剥ぎ取ったものである。深さ3mに及ぶ採掘坑は、掘り出した黒曜石や土砂をリレー式で穴の外へと運び出しやすいよう、足場を残しながら階段状に掘り込まれていた。掘り終えた採掘坑は、新たな採掘坑から掘り出された土砂で埋もれていった。右手の採掘坑では、一番底に採掘当時の地面を掘り返した黒い土、その上に黒曜石が混じった黄色い土砂が積み重なっているのが見える。地層の傾きをみると向かって右側から投げ込まれた様子がわかる。［星くずの里たかやま黒耀石体験ミュージアム所蔵／文］

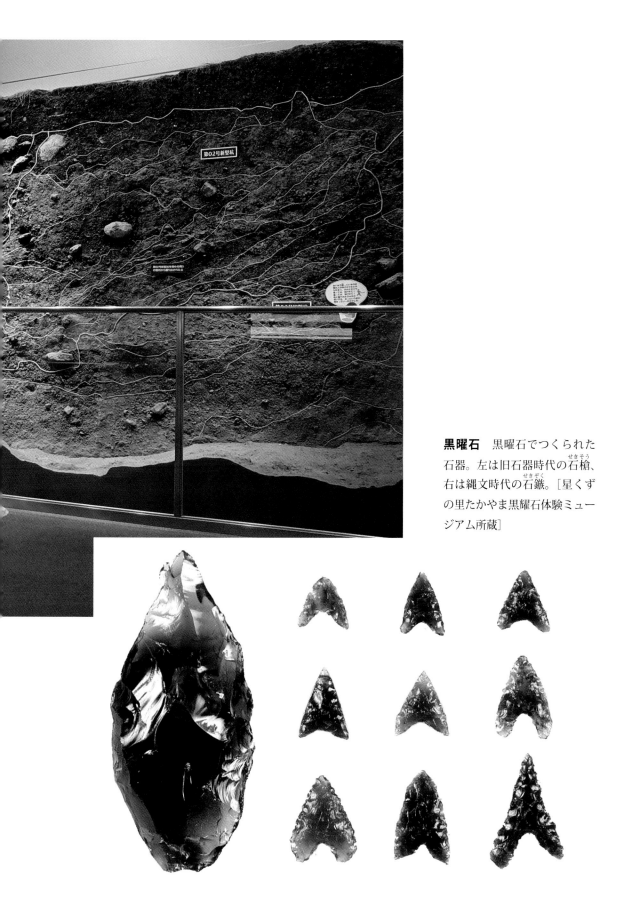

黒曜石　黒曜石でつくられた石器。左は旧石器時代の石槍、右は縄文時代の石鏃。[星くずの里たかやま黒耀石体験ミュージアム所蔵]

■縄文人の姿

縄文人　縄文人は、男性の平均身長が160cm弱とやや小柄ながら、骨太で筋力が強く、がっしりした体格であったと推定されている。彫りが深く二重まぶたで、眉や髭が濃い顔をしていた。当時の衣服は、クマなど動物の毛皮を加工したものが一般的であるが、植物の繊維を編んだ布の存在も明らかになっている。編布あるいはアンギンと呼ばれている。等身大模型の製作にあたり、全国の編布出土遺跡を全数調査し、考古学や民俗学の研究事例を参考に設計図をつくって編布復元及び模型製作を行った。上着の袖丈、下着の股下サイズ、前掛け、腰紐などを試行錯誤しながら調整し、完成にいたったものである。履物、脚絆、籠などの道具類も素材や形状にこだわり復元した。平成3年（1991）製作。［十日町市博物館所蔵／文］

■火焔型土器

土器の高精度復元　新潟県笹山遺跡で出土した火焔型土器は、平成11年（1999）に国宝指定された。写真は復元土器。一般的な実物からの型取りでなく、実物の三次元計測データを利用して製作された精度の高い復元土器である。計測は東京国立博物館において非接触方式により行われた。表面は三次元計測機で5日間をかけて計測、断面はX線CT装置を使用してデータが取得され、これらのデータを利用した3Dプリンター出力の原型から型が製作された。なお、この復元土器は樹脂製ではなく陶製（焼き物）である。色味と質感が実物の土器に近く、退色せず耐水性がある。大きさと重量も実物とほぼ同じで、高さ46.5cm、重さ約7.4kg。触れることのできる国宝と位置づけている。［十日町市博物館所蔵／文］

旧石器・縄文時代

弥生時代

紀元前10世紀ころ九州北部に朝鮮半島から、水田耕作を基礎にした新しい文化が伝わった。3世紀半ばまで続く弥生時代のはじまりである。北海道と沖縄では水田耕作が波及せず（続縄文時代、貝塚時代）、それ以外の地域でも水田耕作や青銅器・集落のあり方は、西日本と東日本・東北とでは大きく異なり文化内容は多様だった。

平地にある中心的な集落は大規模で周囲に濠をめぐらす環濠集落が多く、住居のほか米を貯蔵する高床倉庫もあった。集落の周辺には甕棺墓や方形周溝墓などの墓や水田が営まれた。豊かな実りを祈る祭りの道具として銅鐸や銅剣・銅矛などの青銅製祭器が発達した。後期（2000年前）になると、石斧や石鏃などの石器はほぼ消滅し鉄器が普及した。鉄は朝鮮半島からもたらされた。

農耕社会の成立とともに、蓄積された富をめぐって戦いが始まり、平地の集落のほかに日常生活には不便な山の上にも集落が営まれた。しだいに集落間の統合が進み各地にクニと呼ばれる政治的なまとまりが分立していった。3世紀前半を中心とする時期に存在した「邪馬台国」は、西日本の政治的連合であり、古墳時代のヤマト政権へと展開するとみられる。

［坂井秀弥］

■巨大集落

交易の様子 朝日遺跡では、土器、石器、木器、骨角器、金属器などさまざまなものづくりが行われていた。これに不可欠であったのが交易で、模型ではその様子を再現した。当時は遠近各地から原材料が取り寄せられ、つくられた製品は多くの人々を介して各地へともたらされた

ことであろう。模型では、ものづくりと交易で賑わう様子を「市」に見立て、南居住域の縁辺に配置している。「朝日集落遺跡」模型の一部。[あいち朝日遺跡ミュージアム所蔵／文]

朝日遺跡集落　東海地方最大規模の弥生集落「朝日遺跡」は、東西約1.4km、南北約0.8km、推定面積80万～100万㎡に及ぶ巨大集落である。この模型では、集落の最盛期である紀元前3～前2世紀を中心に、集落とその周辺での人々の活動の様子を再現した。

中央を流れる谷を挟んで、南北に居住域、東西に大規模な墓域が営まれている。北居住域は複数の環濠に囲まれ、谷に面した範囲では逆茂木・乱杭等からなる多重防御施設を築き厳重に守られていた。一方、南居住域は、開放的な場として復元し、さまざまなものづくりや交易の場面を配置した。また、発掘された遺構を元に、東墓域の大小の方形周溝墓、谷や集落各所に形成された貝塚、玉づくりの工房跡等も復元している。模型のなかには、環濠の掘削、住居の建築、ものづくり、交易、戦い、墓づくりと弔い、祭祀など、集落における多様な暮らしのシーンを再現した。地形は1/150と小さいため、人物は1/120と縮尺を変えて表現している。サイズは幅540cm×奥行515cm×高さ240cm（背景壁面の高さを含む）。

［あいち朝日遺跡ミュージアム所蔵／文］

海での活動 漁の様子　当時、朝日遺跡の南には大きな干潟が広がっていた。海辺ではハマグリ、カキ、シジミなどの貝が採取され、集落には大規模な貝塚が形成された。発掘調査では、モリ、ヤス、釣り針など骨角製漁労具が多く出土していることから、模型ではこれらを用いた刺突漁や釣り漁の様子を再現している。また、海からは遠方からの交易品や情報ももたらされた。朝日集落の人々も、日本列島の東西各地を目指して海へと漕ぎ出していったのであろう。サイズは幅130cm×奥行65cm×高さ240cm（背景壁面の高さを含む）、縮尺は1/50。［あいち朝日遺跡ミュージアム所蔵／文］

農地での活動 収穫と田植え　朝日遺跡における知見にもとづき、水田や畑における農作業の様子を復元した。小さく区画された水田では、田起しから田植え、除草、収穫までの水田稲作の様子を再現している。田起しには木製の鍬や鋤が用いられ、収穫は石庖丁による穂摘みのほか、大型の剝片石器による根刈りも行われていたようだ。写真左手前の高床倉庫の近くには、収穫した稲のハサかけ、脱穀や風選や藁打ちなどが再現され、稲作における収穫後の作業を詳細に知ることができる。写真左奥のようにアワ、キビの畑作も行われ、水路ではヤナを用いたコイ、フナなどの漁も行われていた。このほか、サギやカモ、畑近くにやってきたイノシシの親子、高床倉庫の上のニワトリなど、弥生時代の人々と関わりの深い生きものも配置している。サイズは直径60㎝、縮尺は1/50。[あいち朝日遺跡ミュージアム所蔵／文]

祭祀の様子　集落での祭祀の様子を復元している。模型では、巫女が木から吊り下げられた銅鐸を鳴らしている。傍らには卜骨で吉凶を占う女性がおり、人々は祭壇に供物を捧げて集落の繁栄を祈っている。「朝日集落遺跡」模型の一部。［あいち朝日遺跡ミュージアム所蔵／文］

埋葬の様子　朝日遺跡では、居住域を取り囲むように大規模な墓域が営まれていた。溝で四角く区画され、溝の内側に土が盛り上げられた墓を方形周溝墓と呼ぶ。小さなものは一辺が数m、大きなものは30mを超えていた。模型では大型の方形周溝墓で行われた埋葬の様子を復元している。「朝日集落遺跡」模型の一部。［あいち朝日遺跡ミュージアム所蔵／文］

防御施設と戦い　弥生時代は、集落や地域間での争いが繰り返された時代でもある。朝日遺跡では、居住域を囲む環濠、枝がついた木をからめた逆茂木、斜めに打ち込まれた乱杭など、幾重にもバリケードが築かれていた。模型では、北居住域南側に築かれた防御施設の構造を復元するとともに、緊迫した戦いの様子を再現した。防御施設の外側から攻め込む集団（黄色の衣服）に対し、集落を守る集団（赤色の衣服）は弓矢、楯と石戈・石剣、投石で応戦している。戦いに用いられている装備は、遺跡の出土品をもとに復元した。サイズは幅90cm×奥行30cm、縮尺は1/50。［あいち朝日遺跡ミュージアム所蔵／文］

■土器片に描かれた楼閣

楼閣　奈良盆地の中央付近に紀元前5世紀から紀元後3世紀頃に存在したとされる唐古・鍵遺跡がある。面積約42万㎡で近畿地方の中心的集落であったと考えられている。現在、遺跡中心部には復元楼閣がそびえ立つ。楼閣は、平成3年（1991）に遺跡南端部の発掘調査で出土した絵画土器片により、弥生時代に2層以上の建築物が存在した可能性が浮上し、平成6年に唐古池の南西隅に復元された。高さが12.5mあり、2層目からは奈良盆地全体が眺望できるほどである（通常は立ち入り禁止）。平成29年に同じ土器の破片が新たにみつかり、同じ土器に楼閣が2棟描かれていたこと、屋根の下端が反り上がっていたことが判明した。これらの新知見をふまえ、平成30年、復元楼閣に改築が施された。［唐古・鍵考古学ミュージアム写真提供／文］

■登呂のムラ

登呂のムラづくり　登呂遺跡では、重要文化財を含む考古学資料が多数出土している。資料や発掘調査によって弥生時代の水田稲作農耕集落「登呂ムラ」の様子が明らかになった。その様子を再現したのが、幅約4m×奥行約5.2mの「登呂ムラ」復元模型である。「登呂ムラ」の全景を表した模型で、住居域や水田域などの集落遺跡の全容を再現しているほか、ムラで行われていた弥生時代のコメづくり、木の加工作業など、当時の暮らしを細部にわたり立体的に表現している。[静岡市立登呂博物館写真提供／文]

登呂の住居　特別史跡登呂遺跡は、日本の稲作文化が初めて証明され、戦後考古学の先駆けであることが評価された遺跡である。昭和27年（1952）に国の特別史跡に指定された。登呂遺跡は、これまでの発掘調査の結果、住居、高床倉庫、祭殿などの建物跡や広域な水田跡が発見され、弥生時代後期（約2000年前）の稲作を中心とした集落の姿が明らかになった。現在は、住居などの建物や水田が実物大で復元されており、当時の生活を知ることができる。登呂遺跡で発見された住居跡からは、建てる際に地面を掘り下げず、周囲に土を盛る「平地式住居」を採用していたことがわかっている。低湿地で生活するためのそうした工夫が復元住居で再現されている。［静岡市立登呂博物館写真提供／文］

■王の埋葬

弥生時代

西谷3号墓　島根県出雲市の西谷3号墓は、約1800年前の弥生時代後期に築造された。長方形墳丘の4つの隅が突き出したこの墓は、四隅突出型墳丘墓と呼ばれ、全長が約60mもある。

発掘調査により、8つの埋葬施設に10人近くの人が葬られたこと、多量の土器を使った葬儀が行われたこと、墳丘の構造などが明らかになった。これらの成果を盛り込み、模型には墳丘のみならず葬儀を行う人々、各地から葬儀に集まった人々、葬儀を支えた人々、墳丘をつくる人々など、当時の「ヒト」の姿も大胆に復元した。各場面の「ヒト」の存在により、弥生世界を具体的にイメージできると考えたものである。縮尺は1/10。［出雲弥生の森博物館所蔵／文］

墓上に柱を立てる　西谷3号墓模型の一部。初代出雲王の埋葬後、その真上に直径約50cmの柱が4本立てられ、約3m×2mの長方形の区画がつくられた。柱は腐って残っていなかったが、柱の痕跡が残っていたことから推定した。当時、その区画の中に220個を超える土器が置かれ、亡くなった王の葬儀が挙行されたのである。屋根や壁があったかどうかは不明なので、柱を立てる場面を復元しようと考えた。柱の長さは5.5mとし、これを柱穴へ落とし込むためのスロープ状の盛土があったと仮定した。柱の先端に3本の縄をかけ、二方向に引っ張ることで柱は立ち、もう一方向の縄を引っ張ることでバランスを保ち、柱をまっすぐ立たせることができる。幟など長いものを立てる際、今でもこれらの方法が使われる。［出雲弥生の森博物館所蔵／文］

埋葬の様子 西谷3号墓模型の一部。出雲王の埋葬の様子の推定復元。墓上では、出雲王の遺体を納めた木棺の蓋が、今まさに閉じられようとしている。王位を引き継いだ「新出雲王」は、一族とともにその様子を眺めている。新しい王に奉仕する人々には、王の付き人、音楽を奏でる人、警備する人がいたものと想定した。王の持ち物や葬儀のアイテムなど不明なことばかりだったが、出雲市内をはじめ全国各地の遺跡出土品、国内外の文献資料、絵画資料、民俗資料などを参考に復元した。［出雲弥生の森博物館所蔵／文］

■青銅器の鋳造

奴国の青銅器鋳造　福岡県春日市には丘陵地2kmほどにわたる集落跡、須玖(す)遺跡群がある。中心部の須玖岡本遺跡は昭和61年（1986）国史跡指定。王墓があり、奴国の中枢部だったと考えられている。須玖岡本遺跡の坂本地区や周辺の遺跡からは、弥生時代の青銅器鋳造の関連遺物が数多く出土している。国内最大規模の青銅器工房群があった地域である。

写真は須玖永田A遺跡で検出された弥生時代後期の青銅器工房跡をもとにした復元模型。1間×3間の掘立柱建物を工房とし、武器型青銅祭器である広形銅矛(ひろがたどうほこ)(写真右の人物が持っている物)の鋳造風景を表現している。動物の皮でつくった鞴(ふいご)から炉に送風して坩堝(るつぼ)に入れた原料を溶かしている様子や、地中に埋めて固定した鋳型へ溶かした青銅を注ぐ状況などを再現した。考古学、建築学、金属学など各分野の検討結果にもとづく実物大復元。［春日市奴国の丘歴史資料館所蔵／文］

弥生時代

青銅器埋納 銅剣搬入　昭和59年（1984）、島根県出雲市の荒神谷遺跡から出土した銅剣358本の総重量は、250kgを超えると考えられる。これらを運び込む作業を少人数で行うことは容易でなく、背負子のような道具が必要だったと推定される。また、厳かな儀式の場においては、銅剣を捧げ持つための木箱なども必要であったと考えられる。模型の各所に再現された道具類は、いずれも各地の弥生時代の遺跡で出土したものを参考にした。〔島根県立古代出雲歴史博物館所蔵／文〕

青銅器埋納 埋納儀礼 全国最多となる358本もの銅剣が一括出土した出雲の荒神谷遺跡で、銅剣の埋納時の様子を推定復元した。青銅器の埋納がいかにして行われたのか、考古学的な手がかりはほとんどないが、発掘担当者や青銅器研究者と博物館学芸員が議論を重ね、事実に迫る復元を目指したものである。

出土地は小規模な谷間であることから、祭祀は大人数が参加するオープンなものではなく、ごく限られた人々によりしめやかに行われたとの想定にもとづく。青銅器を拠り所とする一時代の終焉をもイメージして秋の夕暮れを舞台に選んだ。[島根県立古代出雲歴史博物館所蔵／文]

出土した銅剣 発掘された358本の銅剣。それまで全国で出土した銅剣の総数は約300本だった。銅剣は銅に少量の錫や鉛などを混ぜた合金で、つくられたときは金色の輝きを帯びていたと考えられる。[島根県立古代出雲歴史博物館写真提供]

■弥生時代後期のムラの暮らし

神崎遺跡　神崎遺跡は、弥生時代後期の環濠集落である。発見された土器の95％が東海地方（東三河・西遠江地域）の特徴を持ち、同地方からの集団移住を示す遺跡だと評価されている。人々の移住の様相や南関東社会の在り方を知ることができる遺跡として、国史跡に指定された。現在、遺跡は公園として整備され、併設する資料館で出土品などを見学することができる。

このジオラマは、神崎遺跡の暮らしを1/20の大きさで復元したものである。発掘調査や研究の内容を参考に作製しているが、あくまで想像復元であるため、今後の研究や出土土器の圧痕分析の結果によっては、修正を施していく。研究成果を反映させることができるのもジオラマ展示の魅力である。[綾瀬市生涯学習課写真提供／文]

ムラの暮らし

竪穴式住居

土器づくり

機織り

脱穀

道具づくり

■支配者の出現

王と支配層の集会の様子　北内郭主祭殿2階の原寸復原。『三國志』の「魏志倭人伝」や『古事記』『日本書紀』などの文献、神社の祭、民俗事例などから、弥生時代にも祭の前後に宴会が行われ、歌舞音曲などの芸能が披露されたと考えられる。「国」の中心的集落でもあった吉野ヶ里遺跡では、周辺の集落の長も集まって饗宴を行うことが、お互いの身分、結びつきを確認する上で重要であり、祖霊の力を背後にもつ「国」の支配者の権威・権力を示すためにも大切な行事であった。[国営吉野ヶ里歴史公園所蔵／文]

最高司祭者の神懸かりの様子　北内郭主祭殿3階の原寸復原。『古事記』『日本書紀』の「仲哀紀」の神功皇后が神懸かりとなって託宣を述べるシーンを参考にした。琴は弥生時代にも出土例があり、人物埴輪にも琴を弾く司祭者的な男性がみられることから、弥生時代後期末頃には、「仲哀紀」に描かれたようにシャーマンが神懸かりとなる際に使用された可能性が高いと考えられる。祭具については『古語拾遺』『古事記』『日本書紀』の記述にもとづき、鏡・玉・剣を吊り下げた根付きの榊、机上には祖霊への供物などを配している。[国営吉野ヶ里歴史公園所蔵／文]

吉野ヶ里遺跡全景　吉野ヶ里遺跡は、「ムラ」から「クニ」へという弥生時代の社会変化を一つの遺跡でとらえることができる稀有な遺跡として特別史跡に指定されるとともに、国営歴史公園として、吉野ヶ里集落がもっとも栄えた弥生時代終末期（3世紀）の状況が復元されている。発掘された遺跡全体は盛土で保護され、竪穴住居跡・掘立柱建物跡・環壕跡などは、本来の規模や構造が古代建築や考古学などの専門家によって検討されたうえで、各々の遺構の真上に復元されている。[佐賀県写真提供／文]

■支配者の姿

卑弥呼　上衣は、銅鏡100枚とともに錦の織物など
が下賜されたとの『三國志』の「魏志倭人伝」中の記
述を元に復元した。実際の形と紋様は、中華人民共
和国湖南省長沙市馬王堆1号漢墓から出土した前漢代
（紀元前約2世紀）の例を参考にして、藍で染めた絹
地仕立ての衣服の袖口と裾に刺繍を施した。その下の
貫頭衣はアカニシから抽出した貝紫色、裳は日本茜か
らつくられた顔料で緋色に染め上げた。なお、これら
の染料は佐賀県吉野ヶ里遺跡での検出例にならった。
手に掲げた鏡は、景初三年銘を鋳出することで有名な大
阪府和泉黄金塚古墳出土の画文帯神獣鏡（が もんたいしんじゅうきょう）のレプリカ
で、鏡面は凸形をなし、姿を映し出せる状態にまで磨
き上げた。［大阪府立弥生文化博物館所蔵／文］

■大型建物の出現

纒向遺跡建物群（まきむく）　奈良県桜井市
の纒向遺跡辻地区建物群は平成
21〜22年（2009〜2010）に行っ
た一連の調査（第162・166・
168次調査）で明らかになった建
物跡である。3世紀前半〜中頃の
建物群と考えられ、少なくとも3
棟の建物が東西に方位・中軸線を
整然と揃えて建てられている。内
1棟は当時国内最大級（約19.2m
×約12.4m）の建物であったと
考えられる。
この模型は平成23年に桜井市立
埋蔵文化財センターで展示するこ
とを目的として製作された。建物
群は柱跡のみが確認されており、
上屋構造は黒田龍二の復元案にも
とづく。縮尺は1/50。［桜井市教
育委員会所蔵／文］

■支配者の館

卑弥呼の館 全景 中国の史書『三國志』の「魏志倭人伝」の中に記される宮室・楼観・城柵の表記から宮殿・櫓・濠などの存在を推定し、遺構や絵画土器の中から、これらと対比できるものとして大形掘立柱建物・楼閣・環濠を充てた。さらに、各地における古墳時代の発掘調査例にみられる方形区画内に、上記3施設のほか高床建物を加え、これらを配置することによって居館を復元した。

また、その周囲には、竪穴建物をはじめとする各種の家屋や工房、土器や木材の集積場、家畜小屋などを配し、当時の人々の様子とともに日常生活を表現した。そして、これら全体を環濠と土塁、柵で取りまくことによって、一つのムラ全体を復元した。[大阪府立弥生文化博物館所蔵／文]

卑弥呼の館 部分拡大 「魏志倭人伝」によると、卑弥呼は王となってからのち、その姿を見るものは少なかったと記述され、ただ一人の男子を介して飲食を摂り、言葉を取り次いだとされる。

復元（中央の建物）に際しては、大胆な仮説により千木と鰹木とを載せた大形の高床式掘立柱建物を復元した。その前面には、古墳時代前期の出土品にみられる肋木状の木製品から蓋の存在を想定し、これを翳すことによって建物内に高貴な人物が御座すことを表した。さらに、出入口に掛けられた御簾からわずかにのぞく裳裾を意識した衣装のデザインと色調から女性であることを暗示させ、その人物が卑弥呼であることを想起させるよう配慮した。[大阪府立弥生文化博物館所蔵／文]

古墳時代

3世紀半ば、奈良盆地に全長280mもの巨大な前方後円墳が築造された。箸墓古墳である。弥生時代の首長の墓をはるかにしのぐ規模と内容であり、強大な権力者の出現を象徴する。これが古墳時代のはじまりであり、前方後円墳がなくなる6世紀末から7世紀初めまで続く。東北から九州まで、各地に築かれた前方後円墳は、墳丘や埋葬施設の規模や構造、鏡や武器・武具などの副葬品に共通性・規格性がある。最大規模の古墳（大王墓）は畿内にあり、古墳はヤマト政権と地方豪族との政治的関係を表す。

中期（ほぼ5世紀）、大王墓は奈良盆地から大阪平野に移動する。この時期に朝鮮半島の政治情勢とも関係して、多くの人々が新たな文物とともに渡来した。交通・軍事、農業・土木などに威力を発揮した馬の文化が取り入れられ、古墳の副葬品にも馬具が加わった。本格的な窯で焼く硬い須恵器の生産がはじまり、つくり付け竈で米を蒸す調理法が移入された。

後期（ほぼ6世紀）になると、古墳の埋葬施設はそれまでの竪穴式石室などから、追葬も可能な横穴式石室や横穴墓に変わり、小規模古墳からなる群集墳も発達した。

［坂井秀弥］

■埋葬当時そのままの銅鏡が並ぶ石室

竪穴式石室　奈良県の黒塚古墳は、平成9〜10年（1997〜1998）に銅鏡がほぼ埋葬当時の配置で出土したことで知られる。竪穴式石室を体感できるよう、東西4.8m、南北10mの実物大の石室を復元した。実物を発掘調査した際の図面と写真を頼りに、石材を手作業で積み上げて復元していったが、直面した課題は石室を構成する石材の調達であった。実物の石室では、下部構造の石材は地元で採集された川原石で、上部構造の石材はやや遠方の二上山南麓で産出する板石である。下部構造の復元にあたっては奈良県内の発掘調査現場で採取された川原石を譲り受けたが、上部構造の石材は本来の産出地では既に手に入らなくなっていた。最終的には、類似する石材を長野県内の採石地に求めた。［天理市教育委員会写真提供／文］

古墳時代

■世界最大級の墳墓がつくられた

古墳時代

仁徳天皇陵古墳　仁徳天皇陵古墳（大仙古墳）のほか、現在知られている周辺16基の古墳、古墳造営にかかわる工房、大王・豪族の居館、さまざまな階層の人々の住居・集落、鉄器・玉の生産工房、儀式やマツリのイメージを、実際の150分の1サイズで復原した模型である。直径約10m。周囲に展開する古墳時代の諸場面は、発掘調査の成果で明らかになった全国の古墳時代の遺跡・遺構などを参考につくられた。建物150棟、人物3000体、動物300体、埴輪7万3000本などで構成されている。現在、仁徳天皇陵古墳の墳丘は緑の森に包まれた山のようであるが、築造当時は斜面を覆った葺石が整然と並ぶ威容が遠くからも見られたはずである。古墳時代のさまざまな場面をイメージできる模型である。［大阪府立近つ飛鳥博物館所蔵／文］

46

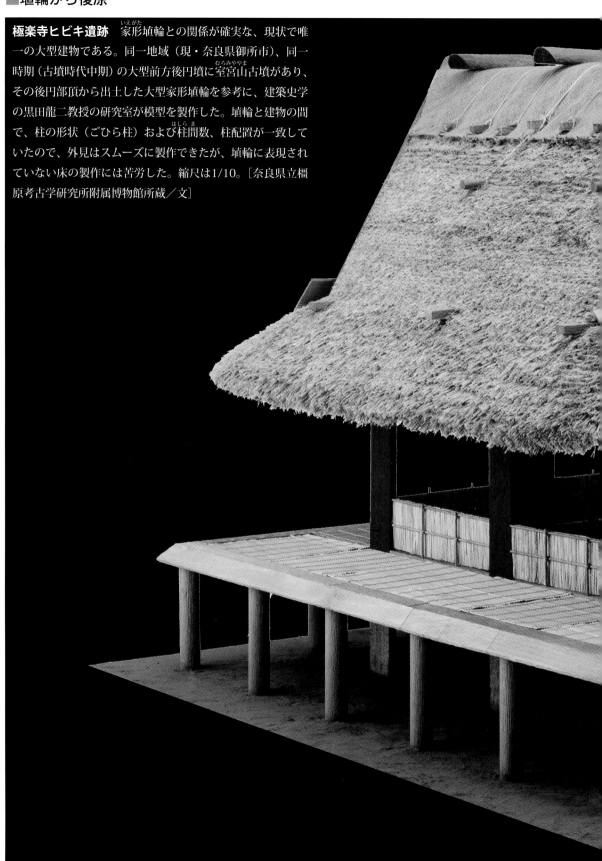

■埴輪から復原

極楽寺ヒビキ遺跡　家形埴輪との関係が確実な、現状で唯一の大型建物である。同一地域（現・奈良県御所市）、同一時期（古墳時代中期）の大型前方後円墳に室宮山古墳があり、その後円部頂から出土した大型家形埴輪を参考に、建築史学の黒田龍二教授の研究室が模型を製作した。埴輪と建物の間で、柱の形状（ごひら柱）および柱間数、柱配置が一致していたので、外見はスムーズに製作できたが、埴輪に表現されていない床の製作には苦労した。縮尺は1/10。［奈良県立橿原考古学研究所附属博物館所蔵／文］

古墳時代

48

■古墳をつくる人々

古墳時代

「壱岐古墳群」双六古墳　長崎県の壱岐には、全6基で構成される国史跡「壱岐古墳群」がある。上の写真は古墳群の一つ、双六古墳で、全長91mに及ぶ県内最大の前方後円墳である。国内だけでなく東アジア諸国との交流を物語る資料も数多く出土しており、北斉や新羅など近隣の国々に精通した人物の墳墓だったことがわかっている。

6世紀頃、倭国と新羅の対立が深まる中、壱岐島の有力者たちは独自の交流ルートを確立して東アジアの国々と友好的な国際関係を築き、倭国の対外交渉の窓口として重要なキーパーソンとなっていったのである。［壱岐市教育委員会所蔵／文］

双六古墳の築造の様子　古墳築造の様子の復元模型は、国史跡「壱岐古墳群（双六古墳）」発掘調査成果にもとづいて復元。時代背景や古墳の築造の仕方などを理解できるような模型を目指した。実際の双六古墳と同じ配置や設定にすることで、当時をイメージしやすいようにした。

特にこだわったのは人物で、顔の表情を豊かにして心情や会話を想像しやすくした。また、縮尺を調整して人や物を大きく見せた。縮尺は情景が1/20、人物は1/16、遺物は1/12である。

築造当時のリアリティを表現するため、製作過程で模型を屋外に持ち出して太陽の光を当て、自然な影をつくるなどの試みも行った。模型写真は太陽光の下で撮影したものである。[壱岐市教育委員会所蔵／文]

双六古墳築造の様子 つづき

ソリにのせた大石を、複数の力自慢の男たちが墳丘の上に運び上げている。

首長が思い描く古墳の形を試作品としてつくり、築造を担当する責任者に説明している。

兵士を連れた双六古墳の首長が、古墳の築造状況を自ら確認に来ている。

首長の偉業を線刻画で後世に残すため、職人が側壁に船の絵を彫っている。

築造を担当する責任者の指示を受け、後円部の円の形を慎重に地面に描いている。

古墳に盛られた土をしっかり固めるため、丸木を使って地ならしをしている。

■大型古墳の築造

今城塚古墳築造の様子（いましろづか）　大阪府高槻市にある今城塚古墳は、古墳時代後期（6世紀前半）に築造された前方後円墳で、被葬者は継体大王と考えられる。墳丘長181mで淀川流域最大級の古墳である。発掘調査によって、古墳の形状や規模だけでなく、後円部で墳丘内石積から延びる排水溝がみつかるなど築造技術に関する知見も得られた。

模型は大王墓の築造過程を実寸大で復元したもので、長さ約17.5m、幅約7.5mである。検出状況にもとづき葺石を再現したほか、転落石や盛土断面の剥ぎ取り資料など実物資料を用いて構成した。［高槻市立今城塚古代歴史館写真提供／文］

■葬送儀礼を残した石室

古
墳
時
代

葉佐池古墳2号石室（はざいけ）　愛媛県松山市にある葉佐池古墳は、古墳時代後期（6世紀中頃から7世紀初頭）の葬送儀礼がよくわかる重要な古墳である。この模型は、国史跡に指定された平成23年（2011）に、現地で見ることのできない2号石室を松山市考古館に原寸大で再現したものである。幅約2.5m、奥行約4.4m、高さ約2.7m。測量図面と写真資料にもとづき、壁面及び天井部分の石肌を再現した。また、木棺とみられる多量の木片や副葬品の須恵器などを印刷したカーペットを敷き、発見時の出土状況を表現している。［松山市教育委員会文化財課写真提供／文］

■ずらりと並んだ埴輪

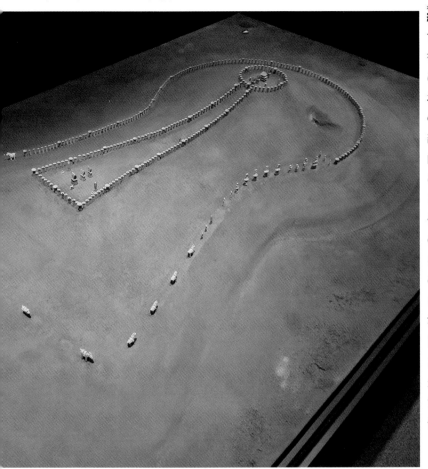

綿貫観音山古墳 高崎市に所在する綿貫観音山古墳の築造直後が復元されている。古墳は6世紀後半に築かれた墳丘長97mの前方後円墳で、上下二段につくられた墳丘の表面には葺石は施されず、後円部に築かれた横穴式石室は南西方向に開口していた。埴輪については、もっとも重要な人物埴輪の群と列が、石室開口部北から前方部付近にかけて配置され、馬形埴輪の列が前方部側に続く。墳丘頂部には家や鶏、大刀、盾などの埴輪の樹立がみられた。復元模型では、これらの墳丘構造や埴輪配置の全容を俯瞰することができる。模型は墳丘が50分の1、埴輪が40分の1に復元され、埴輪が目立つよう工夫が施されている。〔国立歴史民俗博物館所蔵、群馬県立歴史博物館保管／文〕

綿貫観音山古墳 埴輪 綿貫観音山古墳からは数多くの人物埴輪が出土している。日本で唯一の埴輪「三人童女」をはじめ、「胡座する男子」や「振り分け髪の男子」など、種類の豊富さは日本屈指である。しかし、同古墳の埴輪群の価値は種類の豊富さにとどまらない。昭和43年（1968）に行われた発掘調査の際に、これらの埴輪の多くが、どちらを向いて並べられていたかが把握できた。それにより、同古墳がつくられた当時の埴輪の並べ方が判明したのである。この発掘所見にもとづいて、古墳築造時のとおりに人物埴輪を並べると、石室前に並べられた人物埴輪群は「神マツリの儀礼」シーンを再現していることがわかった。〔国立歴史民俗博物館所蔵、群馬県立歴史博物館保管／文〕

軽石や火山灰に埋まった集落

黒井峯遺跡　群馬県のほぼ中央部、吾妻川に面した河岸段丘上にある黒井峯遺跡は、榛名山二ツ岳の爆発で噴出した大量の軽石によって、短時間のうちに埋没した古墳時代後期の集落跡である。この地域一帯を覆いつくした軽石は、薄いところで50〜60cm、厚いところで2mにもなる。

短時間に降り積もった厚い軽石層に覆われ、古墳時代後期の地表面が後世の攪乱を受けることなく残された。軽石層中に建物の壁や崩れかけた屋根、柴垣などが立ったままの状態で保存され、建物の上部構造を復原できた。模型の縮尺は30分の1。サイズは幅200cm、奥行200cm、高さ27.6cm〔国立歴史民俗博物館所蔵〕

保渡田古墳群周辺　1500年前の古墳時代、群馬県高崎市の榛名山東南の麓には有力な豪族の治める世界が広がっていた。しかし、その華やかな古墳文化は榛名山の大噴火により埋もれてしまっていた。この模型は、近年の発掘調査により明らかになった火山灰下の世界を復元したものである。扇状地の端部に位置するのが古墳、それより低い場所には水田が広がる。ムラの中心には濠に囲まれた豪族の居館がある。このような古墳時代の景観を復元できるのは、この地ならではといえる。[かみつけの里博物館所蔵／文]

■初めてみつかった広大な豪族居館跡

豪族居館跡　日本で初めて発見された古墳時代の豪族居館跡である三ツ寺Ⅰ遺跡（現・群馬県高崎市内）をもとに復元した。

館の本体は一辺86mの方形で、内部は柵で南北に仕切られている。南側には大型建物や石敷きの施設などがあることから王が政治や祭祀を行った公的なゾーン、北側は竪穴住居などがあるので館の機能を支えるゾーンとみられる。濠をまたいで外部から水を導く木製の水道橋がみつかっており、石敷きの施設につながっている。館の中で水に関する祭祀が行われていたことが推定される。[かみつけの里博物館所蔵／文]

南郷大東遺跡導水施設　南郷大東遺跡（現・奈良県御所市南郷）は、古墳時代の導水祭儀施設の中で全貌がわかった初めての例である。埴輪にも形象されている。重要性を考慮して祭儀の様子を模型で表現した。屋根材、壁材、柱材、垣根、木樋などのパーツが揃っており、祭儀に使用された遺物も豊富に出土し、かつ発掘直後に復元想像図も作成していたため、スムーズに模型製作に臨むことができた。一方で、同時期の参考資料がほとんどない人物表現には苦慮した。縮尺は1/10。〔奈良県立橿原考古学研究所附属博物館所蔵／文〕

三ツ寺Ｉ遺跡の石敷　水に関する儀式を行う石敷の施設。祀りに用いる石造品が出土していることから祭祀の場であったと考えられている。59ページ下の豪族居館跡の部分。〔かみつけの里博物館所蔵〕

古墳時代

飛鳥・奈良時代

6世紀末以降、中国に強大な隋・唐がおこり朝鮮半島諸国に進出すると、日本は中国にならい天皇中心の中央集権（律令国家）をめざした。645年、大化改新の改革がはじまり、大阪の難波長柄豊碕宮が造営された。その後、白村江の敗戦で国家存亡の危機を迎え、さらに律令制や宮都の整備が進められた。694年、わが国初の都城、藤原京に遷都し、701年に大宝律令が完成したが、それから間もない710年に平城京に遷都した（奈良時代のはじまり）。

全国には国・郡・里（郷）をおき、中央から派遣された国司、地方豪族から任じられた郡司が、国府（国衙）や郡家（郡衙）といった役所で儀式や政務にあたった。律令制の確立とともに地域開発も進み、碁盤目状の条里地割が広く施行され、大規模な集落もあらたに成立した。東北地方には多賀城など支配・軍事の拠点である城柵が設置され、多くの人々が移住した。飛鳥時代以降、都では仏教中心の文化がひろがり、瓦葺きの大規模な寺院建築や仏像などが地方にも波及した。奈良時代には国分寺が建立され、集落内にも仏堂がつくられるなど仏教が浸透した。このように飛鳥・奈良時代は、都道府県の原形となる国や地域の地名、条里制などの地割など、現代につながる仕組みが整えられた時代といえる。

［坂井秀弥］

■中国を模した壮麗な宮

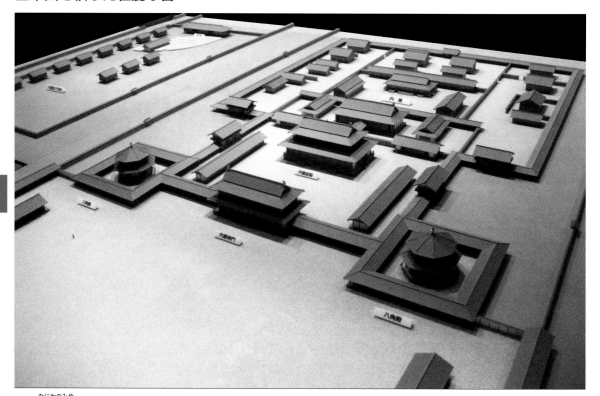

前期難波宮〔なにわのみや〕　前期難波宮は、白雉3年（652）に完成し、孝徳天皇や中大兄皇子らによる大化の改新の舞台となった難波長柄豊碕宮〔なにわながらとよさきのみや〕にあたると考えられている。中国を模倣した政治体制にふさわしく壮麗な宮殿であったと考えられ、歴代の宮殿の中でも最大級の内裏南門（東西32.6m×南北12.2m）を有する。宮殿建築では例がない東西の八角殿も、日本古代のものではもっとも規模が大きい。模型は、発掘調査の成果をもとに、板葺きの屋根、掘立て柱式の建物として復元している。縮尺は1/200、サイズは234㎝×360㎝。［大阪歴史博物館所蔵／文］

■飛鳥古京の都

飛鳥宮　飛鳥宮跡は7世紀中頃から後半につくられた宮殿遺跡で、奈良県明日香村に位置する。

飛鳥宮復元模型は、飛鳥宮跡で重複してみつかった宮殿機構の中で、構造がもっともわかっている飛鳥浄御原宮〔あすかきよみはらのみや〕を復元している。内裏構造が確認された飛鳥時代唯一で最古の遺跡であり、復元模型によってのみ具体的な姿をみることができる。建築部材はほとんど出土せず、現存する当代の王宮建物もないため、上部構造の復元には保守性の高い神社建築がおもに参考にされた。なお、未調査地の構造は、左右対称になる古代王宮の特徴や、区画から推測される機能などを考慮して想像復元されている。縮尺は1/150。［奈良県立橿原考古学研究所附属博物館所蔵／文］

エビノコ正殿　エビノコ正殿は、飛鳥浄御原宮全体の正殿とみられる、独立した区画を備えた大型建物。天武朝に初めて創られた大極殿（だいごくでん）と考えられている。

藤原宮以降の大極殿は礎石立ちで瓦葺きだが、エビノコ正殿は飛鳥宮跡の他の建物と同じく掘立柱で、瓦葺きではないのが特徴である。おもに神社建築を参考に復元され、縁に高欄がめぐる構造になっている。根拠となる出土資料がないため、欄干の存在や、屋根が檜の樹皮を加工した檜皮（ひわだ）葺なのか板葺かでさえ検証することは難しい。縮尺は1/50。

［奈良県立橿原考古学研究所附属博物館所蔵／文］

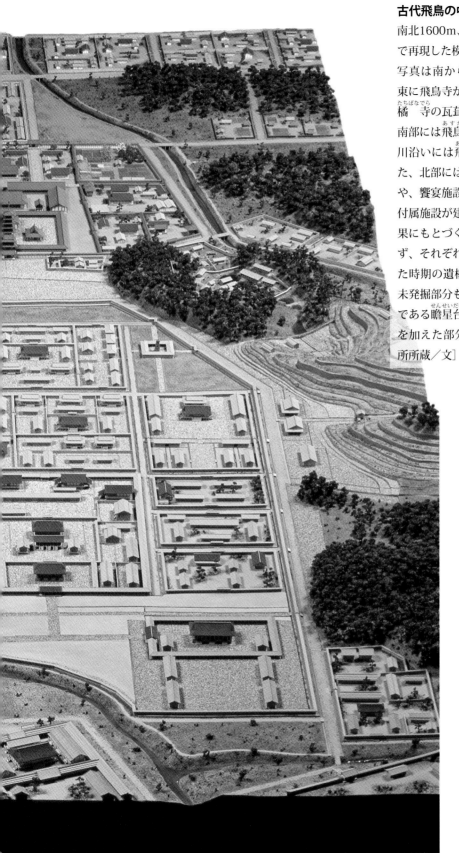

古代飛鳥の中枢部 古代飛鳥の中枢部、南北1600m、東西500mを1/500の縮尺で再現した模型。平成14年（2002）製作。写真は南から見たもの。中心のやや北東に飛鳥寺が立地し、西南部に川原寺と橘寺の瓦葺きの伽藍が軒を連ねる。東南部には飛鳥浄御原宮の宮殿群が、飛鳥川沿いには飛鳥京跡苑池が広がる。また、北部には水時計施設である水落遺跡や、饗宴施設である石神遺跡などの宮殿付属施設が建つ。それまでの発掘調査成果にもとづくが、再現する時代を限定せず、それぞれの遺跡がもっとも栄えていた時期の遺構を採用して製作している。未発掘部分も少なくないが、天文台施設である瞻星台を設けるなど、大胆な想像を加えた部分もある。［奈良文化財研究所所蔵／文］

■太子の墓

聖徳太子墓の内部　聖徳太子墓の実物は、野中寺・大聖勝軍寺とともに河内三太子と称される博物館北2kmの叡福寺境内にある。内部は宮内庁により陵墓として管理されていて見ることはできないが、開口していた羨道を封鎖する前に内部調査が行われており、明治12年（1879）に『聖徳太子磯長墓実見記』が報告されている。同報告をもとにした京都帝國大学梅原末治の石室内部復元図をもとにつくられたのが、この実物大の復元模型である。内部は丁寧に磨かれた花崗岩の切石でつくられ、太子のほか母の穴穂部間人皇女、妻の膳郎女が葬られたとされ、奥壁に沿って石棺1つ、手前側に石室側壁に沿って棺台が2つ配置されている。学術的には、築造年代や被葬者などの議論もあるが、飛鳥時代の古墳内部を偲ぶことができるリアルな実物大模型である。［大阪府立近つ飛鳥博物館所蔵／文］

■上円下方墳

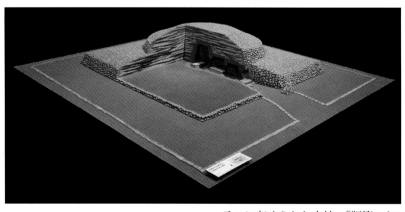

武蔵府中熊野神社古墳　全国でも数例しかない「上円下方墳」という珍しい墳形の古墳。7世紀中頃、天皇中心の国家形成が進められた飛鳥時代に築造された。武蔵国府が設置される前夜の様相を示す遺跡として重要である。模型は平成24年（2012）に製作。墳丘と石室を断ち割った状態で復元しており、3室からなる石室の構造、そこに収められた木棺、「版築」という何層も土を重ねてつき固める墳丘構築方法を見ることができる。断面の縞模様はこの「版築」を示しており、模型制作に際しては調査図面に記録された幾重もの土層をデフォルメした。石を大量に用いた外表面も復元され、築造当時の様子をうかがうことができる。縮尺は20分の1。［府中市郷土の森博物館所蔵／文］

■三戒壇の一つ

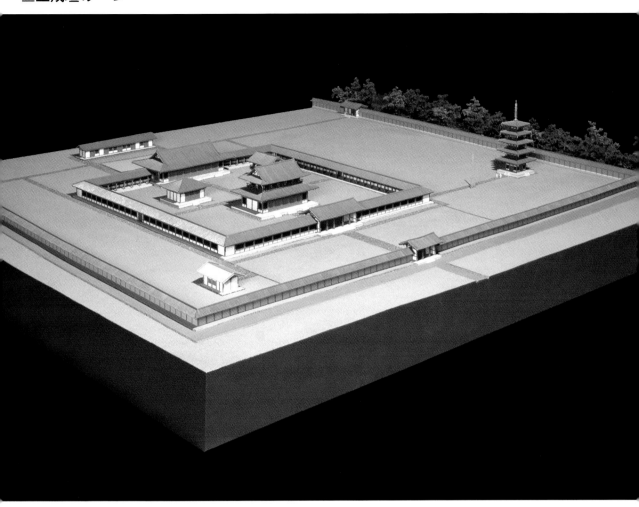

下野薬師寺伽藍　栃木県下野市に所在する国史跡下野薬師寺跡は、7世紀末に創建され、奈良・平安時代を通じて東国仏教の中心的役割を担っていた。8世紀中頃には「戒壇」（出家者が戒律を授かる場所）が設置され、奈良の東大寺、筑紫観世音寺と並ぶ三戒壇の一つと称された。

昭和40年（1965）から継続的に調査が行われ、寺院の規模とその特異性が徐々に明らかになりつつある。寺院を区画する塀は東西250m、南北360mに及び、内側の伽藍を区画する回廊は約100m四方の規模であり、回廊内には塔を中心に3つの堂が建つ「一塔三堂形式」の伽藍配置であったことなどが判明しつつあるが、模型は昭和期の調査成果によるもので、伽藍中央の金堂はその後の調査で創建時には塔があったことが確認されている。また、伽藍南東に高くそびえる塔は平安時代に再建されたもので、この塔と回廊の間には儀式の際に幡を揚げる幡竿支柱が配されている。模型全体の大きさは東西3m、南北2.5mで、塔等の構造物の縮尺は150分の1。［下野市教育委員会写真提供／文］

大宰府政庁　7世紀半ば、唐・新羅連合軍の侵攻を防ぐために博多湾沿いに長大な防衛ラインが築かれた。その中に大宰府が設置されていた可能性が高いとされるが、福岡県太宰府市における発掘調査の成果では、大宰府政庁跡は7世紀の後半に始まる。大宰府政庁跡は発掘調査により I 期～Ⅲ期（7世紀後半～12世紀前半）に時期区分され、12世紀のうちには他の官衙とともに廃絶したと考えられている。

模型は8世紀初頭以降（Ⅱ期～Ⅲ期）の大宰府を想定し、政庁全体は100分の1、南門（70ページの写真）は10分の1の縮尺で復元している。［九州歴史資料館所蔵］

飛鳥・奈良時代

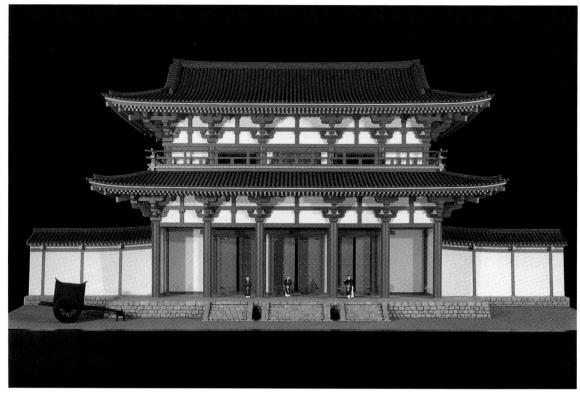

大宰府政庁南門 ［九州歴史資料館所蔵］

■精緻な壁画に彩られた石室

キトラ古墳墳丘　奈良県明日香村にあるキトラ古墳は、7世紀末〜8世紀初頭に築造された、いわゆる終末期の古墳である。墳丘は2段築城の円墳で、下段の直径が13.8m、上段の直径が9.4mとなっている。「学術上の価値が特に高く、我が国文化の象徴たるもの」として、平成12年（2000）に特別史跡に指定された。被葬者は不明であるが、石室内部に描かれた精緻な壁画や副葬品などから、高貴な人物であったと考えられている。周辺は「国営飛鳥歴史公園キトラ古墳周辺地区」として整備されており、石室内から修復のため取り出された壁画も、同公園内にある『キトラ古墳壁画体験館　四神の館』で保存・管理され、毎年期間限定で公開されている。［明日香村写真提供、国営飛鳥歴史公園／文］

飛鳥・奈良時代

石室　キトラ古墳の石室内部の広さは奥行2.4m、幅1.0m、高さ1.2mであり、精巧に再現した復原模型も同じサイズでつくられている。再現された石室内部の壁画は、長時間劣化しないと言われている陶板でつくられており、天井・側壁に描かれた四神や十二支、天文図などの極彩色壁画は、発見当時の汚れ、壁面の剝離状況や細かな色合いまで、忠実に再現されている。［国営飛鳥歴史公園写真提供／文］

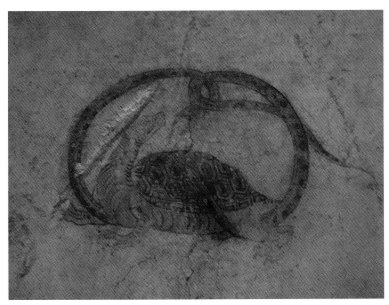

壁画『玄武』　キトラ古墳の石室北面の壁には四神の一つである『玄武』が描かれている。四神とは方角を司る神獣で、『玄武』は蛇が亀に絡みつく姿をしている。名称の「玄」は北や冬を象徴する色である「黒」を、「武」は鎧をつけて武装している動物である「亀」を意味する。『玄武』は、ほぼ完全な姿で残っていたことから大変貴重な存在となっている。

石室には、ほか東壁に『青龍』、南壁に『朱雀』、西壁に『白虎』が描かれ、『玄武』と併せて四神と呼ばれる神獣がすべて揃っている。これら東西南北の壁画は、天井に描かれた天文図とともに令和元年（2019）に国宝に指定された。石室模型の内部に描かれているのは復原壁画であり、実物は別途、保存・管理されている。［国営飛鳥歴史公園写真提供／文］

■日本最古級の仏教壁画や塑像片が出土

上淀廃寺 金堂・丈六三尊像　鳥取県米子市で7世紀末に建立された上淀廃寺跡の金堂内部および仏像を復元。平成3年（1991）からの発掘調査で金堂及び塔跡周辺から3242点の塑像片が出土し、諸堂に多彩な塑像仏が安置されていたことがわかった。像の種類や大きさ、部位を特定できた塑像片が約100点あり、飛鳥時代から奈良時代までの仏像の変遷が明らかになったことから、8世紀半ばに制作された丈六三尊像（丈六級如来坐像1体と一丈級脇侍菩薩立像2体）を復元した。東大寺法華堂不空羂索観音像などを参考に、当時の塑像製作法により原像を製作し、そこから型取りした母型から展示仏像を製作した。復元の根拠となった塑像片は像の中で位置を示している。彩色や文様の復元は困難なため、塑土の地色で仕上げている。[米子市上淀白鳳の丘展示館所蔵／文]

上淀廃寺 金堂正面から見る堂内荘厳　発掘された金堂は基壇規模からみると比較的小規模な三間四面堂と推定されている。出土した壁画・塑像片の検討により、7世紀末に建てられた金堂内には、当初は半丈六級の仏像碑が安置されたが、8世紀後半になって新たに巨大な丈六三尊像に置きかわったことがわかっている。法隆寺金堂などを参考に展示室内に再現された金堂正面の扉を開くと、復元された中尊如来坐像の偉容を拝することができる。内陣は三尊像だけでいっぱいであり、四天王像などを配する余地はない。如来像台座の脇からは後方外陣に壁画が垣間見える。壁画は本尊を中心とする仏の世界を荘厳（しょうごん）する背景として描かれたものである。［米子市上淀白鳳の丘展示館所蔵／文］

上淀廃寺 金堂内外陣・彩色仏教壁画　金堂跡周辺から出土した5922点の壁体のうち1305点に彩色があり、「神将」「菩薩」「天蓋」などのモティーフから金堂外陣に描かれて堂内を荘厳した彩色仏教壁画であることがわかった。北と東・西側では出土した壁画の様相が異なることから、北側には釈迦が説法を説く説法図、東・西側は仏像の背景の2種類の壁画を復元した。壁画が全て細片であったため、ほぼ同時代の法隆寺金堂壁画などに加えて、中国シルクロードの敦煌莫高窟（ばっこうくつ）壁画などを参考にして、出土した壁画片をジグソーパズルのように配置して構図を再現。彩色については、火災の被熱により変質・焼失した色も多かったが、科学分析などにより6系統8 ～ 12種類の顔料を用いて描いている。［米子市上淀白鳳の丘展示館所蔵／文］

■条坊制で整えられた新都市の出現

藤原京 全景　飛鳥古京の北、奈良盆地の南端に藤原京が建設された。条坊制（碁盤目状の都市区画）による日本最古の都市の誕生である。天武天皇のときに建設が始まり、持統天皇のときの持統天皇8年（694）に完成した。完成当時は「新たに増した京」という意味の新益京（あらたましのみやこ）と呼ばれた。東西方向約5.3km、南北方向4.8kmの広大な都で、後の平城京、平安京をしのぐ古代最大の都である。模型は横6m、縦7mの大きさで、藤原京のほぼ全景を1000分の1で製作。中央には約900m四方を約5mの高さの塀で囲まれ、各辺に3つの門をもつ藤原宮を配し、内部には内裏や大極殿、朝堂院のほか数多くの官衙が建ち並ぶ様子を再現した。［橿原市教育委員会写真提供］

■古代都市全域の復元

飛鳥・奈良時代

平城京 朱雀大路周辺 奈良の都であった平城京は東西約8km、南北約6kmにおよぶ。平城京と周辺地形を、従来に類をみない縮尺1/1000の壮大さで再現したこの模型は、東西（横）8.3m×南北（縦）6.4m。古代都市全域の復元模型の製作という前例のない事業であった。昭和52年（1977）公開。

写真は模型の中心部分で、朱雀大路周辺である。朱雀大路は、平城京の南門である羅城門から平城宮南正門の朱雀門にいたる幅75m、長さ1kmにも及ぶメインストリートである。模型では、平城京の一番北端にある平城宮や、京域に広がる碁盤目状につくられた大小の条坊道路、築地、宮外にある役所や東西2つの市のほか、都人の住宅、数多くの寺院、残された古墳や周辺に広がる田園などが復元されている。復元された建物等は約2万5750棟。樹木は松・柳・桜など約2万7700本が製作および配置された。模型では、立体感を強調するため平面に対して高さを1.2倍に復元している。［奈良市役所所蔵／文］

平城京 全体 古代都市全域の復元模型製作という前例のない事業に向けて、昭和50年（1975）、当時の学術研究の第一線で活躍していた研究者らによる平城京復元模型作成研究調査会を設置した。当時の最新研究成果にもとづいて、平城京の74年間を凝縮した姿の再現へ向けて制作が行われたものである。市制80周年にあたる昭和52年2月、現在の奈良市庁舎落成式と同時にこの平城京復元模型が一般に公開された。模型は市庁舎1階に展示され、古代都市平城京の様相を一目で理解できる唯一の存在となっている。東西（横）8.3m×南北（縦）6.4m。［奈良市役所所蔵／文］

■平城宮の中枢施設の復原

平城宮第一次大極殿の構造模型　第一次大極殿の端部1/3ほどを1/5縮尺で製作した模型。基礎（基壇）を含めた全体の高さは5.5mほどある。平成11年（1999）製作。第一次大極殿については、ほかに平成6～7年度に製作した1/10縮尺の模型があり、現地（奈良市佐紀町平城宮跡内）には平成22年に実物大で復原されている（右ページ上）。1/10模型製作以後の研究や、実物大の建物をつくるための構造的検討によって、実物大の復原建物の設計では、1/10模型とは全く異なる構造の案を考えた。その後、図面に十分表現しきれない建物隅部（すみぶ）の木組みを中心とした納まりを検討するために製作されたのが、この1/5模型である。現地の復原建物は、1/5模型を検討した成果によって、さらに微細な修正が加えられている。［奈良文化財研究所所蔵／文、平城宮跡管理センター写真提供］

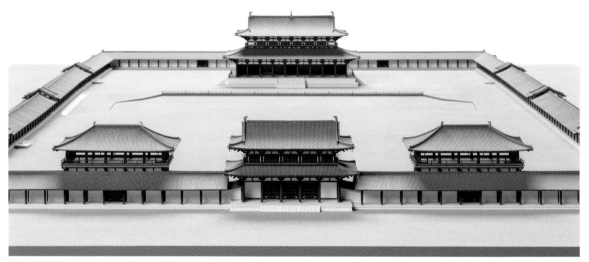

平城宮第一次大極殿院の復原整備模型　実物大での復原工事が進む奈良時代前半の第一次大極殿院を1/200縮尺で表現した完成予想模型。平成26年（2014）製作。築地回廊（ついじかいろう）で囲まれた東西約180m、南北約320mの範囲を大極殿院と呼ぶ。政治・儀式のもっとも重要な施設であった大極殿院を、発掘遺構を基礎資料とした平成22年からの復原研究の成果にもとづいて製作したのがこの模型である。中心施設である大極殿は、往時の煉瓦（れんが）（塼）（せん）を積み上げた高さ2mほどの壁の北側に建つのが本来の姿だが、遺存する奈良時代後半の遺構を保護するため、復原整備では60cmほどの高さの壁にとどまっている。また、大極殿の背後には後殿（こうでん）と呼ばれる建物の存在が推測されている（道路下で未発掘）が、この模型ではつくられていない。奈良時代の姿を復原するのが目的ではなく、整備が完成した将来の姿を示すのがこの模型の目的である。［国営飛鳥歴史公園事務所所蔵、奈良文化財研究所写真提供／文］

第一次大極殿復原建物　奈良時代前半の平城宮でもっとも重要な建物である大極殿の実物大復原建物。天皇による政務や儀式を行うための建物である。基礎（基壇）は東西約53.2m、南北28.7m、高さ3.4m、建物の高さは地面から大棟まで約26.9mあり、復原建物では日本最大級である。高い基壇内には免震装置を設置したため、建物内部の補強は最小限に抑えられている。また、本来は、下層の正面は扉や壁のない吹き放ちだが、建物管理の観点から、現代の素材である金属とガラスを入れて仕切っている。実物大の建物を造るための構造的検討により、それまでの復原案を再検討し、古代唯一の二重屋根をもつ寺院金堂である法隆寺金堂の構造をベースに造られた。平成13年（2001）工事開始、平成22年竣工。［文化庁所蔵、奈良文化財研究所写真提供／文］

平城宮東院庭園　平城宮の東張り出し部（東院）の東南隅で発掘された奈良時代の庭園と建物を実物大で復原した。瓦葺きの大垣（土塀）と板塀で四方を隔てられた東西約69m、南北約93mの空間に庭園が造られており、発掘調査では3時期の庭園遺構の重複を確認した。このうち、基本的にはもっとも新しい奈良時代末期の遺構にもとづいて復原している。護岸の景石の一部は発掘で出土したものをそのまま見せ、建物は遺構保護の盛土の上に建てている。植栽は発掘調査で出土した葉や種子、花粉などを分析し、また『万葉集』に登場する植物等を考慮して復原した。復原工事は平成5年（1993）に開始され、平成10年には一般公開が始まったが、東南隅の楼閣建物とその付近の大垣は平成13年に竣工した。［文化庁所蔵、奈良文化財研究所写真提供／文］

飛鳥・奈良時代

古代出雲の中心地　島根県松江市の南側一帯は、かつて意宇郡と呼ばれ、古代出雲の中心地であった。島根県最大といわれる山代二子塚古墳など多数の古墳がある。奈良時代には、国の役所である出雲国庁や国が建立した出雲国分寺ほか主要な施設が集中していた。模型では、東西4.8km、南北3.5kmに及ぶ一帯を1/1000の縮尺で再現した。733年編纂『出雲国風土記』の記載に沿う多くの遺跡のほか、同書に記されたこの地域に関する多様な情報を参考に、模型の要所に施設を配することができた。

復元時に苦慮したのは、山や川や農地など景観に関する検証である。この地域を流れる意宇川の流路については特に難航した。平野全体は北側が低く、現在の南側に流れを変えた時期は不明だったが、発掘調査成果や現在の地形を併せて検討した結果、現在と同じく平野の南側を流れていたとの結論に達し、模型に反映させた。〔八雲立つ風土記の丘資料館所蔵／文〕

■美濃の国分寺

美濃国分寺伽藍　史跡美濃国分寺跡は、奈良時代に聖武天皇の発願によって建立された国分寺の一つである。発掘調査により塼積基壇の金堂や塔といった伽藍の状況をはじめ、幢竿支柱などの伽藍外に付属する施設の存在が明らかとなっている。

伽藍復元模型は、昭和49年（1974）に奈良国立文化財研究所（現・奈良文化財研究所）の監修により製作された。当時の調査成果をもとに「法起寺式」伽藍配置として製作されたが、その後の公園整備時の発掘調査によって、実際には中門・金堂・講堂が直線状に並び、金堂の南東に塔を配置する「大官大寺式」伽藍配置であることが判明した。縮尺は1/100。縦約2m、横約2.3m。［大垣市教育委員会写真提供／文］

美濃国分寺跡　中央の矩形が美濃国分寺跡。［国土地理院の空中写真 昭和62年（1987）撮影］

■国司の姿と国府のマチ

武蔵国国司像　奈良時代に武蔵国司の筆頭（守）に任命されたことが確認できる20名のうち、武蔵国出身かつ残された情報も豊富な巨萬（高麗）朝臣福信がモデル。併設する「国府のマチ」（下と次ページの写真）模型の年代を考慮し、最初の在職期間にあたる天平勝宝8年（756）、従四位上の官位についていた47歳時点の姿を復元した。衣服（朝服）の形や色は『養老衣服令』や正倉院宝物、出土絵画資料を参考にした。深緋の染色は『延喜式』をもとに絹をアカネで染めて色見本を作成したのち、コストと経年劣化の観点から化学染料を用いた。高句麗王族の子孫のため大陸系の容貌にしたほか、相撲を得意としたことから平均より大柄で筋骨隆々とした体格であったと推測し、身長170cm、体重75kgと設定した。［府中市郷土の森博物館所蔵／文］

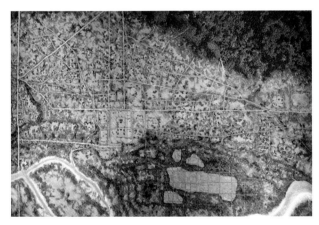

国府のマチ　国の行政機関である国府として発展した府中一帯（現・東京都）の集落を一望できる模型。平成24年（2012）製作。膨大な発掘調査成果に裏付けられているのが特徴である。調査により、国衙を中心とした東西2.92km、南北2kmの範囲に配置されていた諸施設や、人々が集住していたマチの様子が明らかになった。それら調査成果を反映させたのが、左の模型である。模型サイズは7.3m×5m。設定年代は、国分寺創建や国衙中心建物の瓦葺き化が進められた750年前後。設定時季は夏で、水田で稲が成長する様子も再現した。崖線などの地形や多摩川の古流路なども表現している。縮尺は450分の1。ただし、地形立面は225分の1として地形の立体感を強調した。［府中市郷土の森博物館所蔵／文］

国府のマチ中心部 「国府のマチ」模型の中央でひときわ目立つこの区画部分は、国庁を中心とした官庁街で国衙と呼ばれる。朱柱や白壁の建物群を擁した一帯は色彩的な鮮やかさをもつ。発掘調査をふまえると、現在の大國魂神社の境内の一部とその隣接地に存在した可能性が非常に高く、現地は国史跡「武蔵国府跡」に指定されている。建物配置など未解明の点もあるが、調査から判明したことに加え、今後の調査で期待される部分も含めて模型に表現した。北側建物群の瓦葺き屋根や、溝・築地塀による区画、門の設置など、中心部の荘厳さを視覚的に認識できる。なお、最新の発掘調査成果に即して、建物配置などは適宜修正していくことも想定している。[府中市郷土の森博物館所蔵／文]

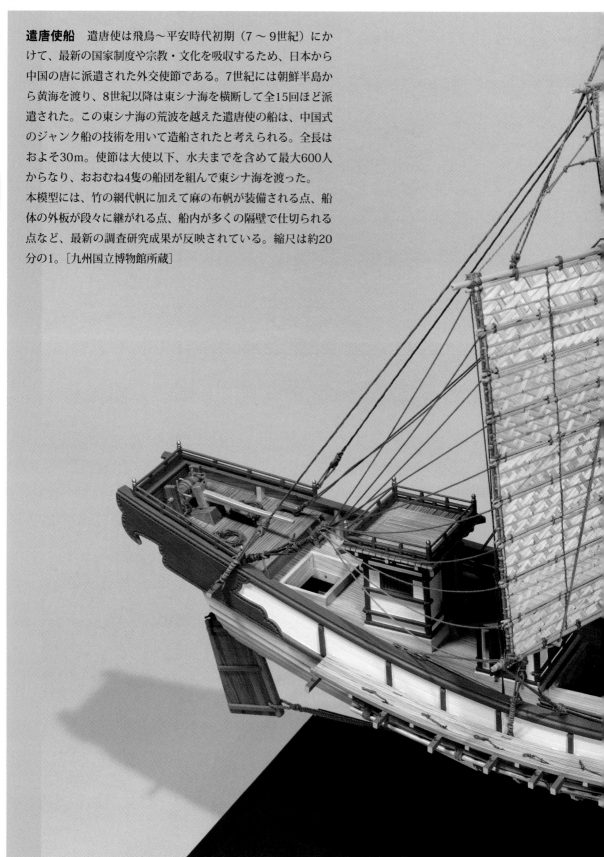

■東シナ海を渡り制度・宗教・文化を持ち帰った船

遣唐使船　遣唐使は飛鳥〜平安時代初期（7〜9世紀）にか
けて、最新の国家制度や宗教・文化を吸収するため、日本から
中国の唐に派遣された外交使節である。7世紀には朝鮮半島か
ら黄海を渡り、8世紀以降は東シナ海を横断して全15回ほど派
遣された。この東シナ海の荒波を越えた遣唐使の船は、中国式
のジャンク船の技術を用いて造船されたと考えられる。全長は
およそ30m。使節は大使以下、水夫までを含めて最大600人
からなり、おおむね4隻の船団を組んで東シナ海を渡った。
本模型には、竹の網代帆に加えて麻の布帆が装備される点、船
体の外板が段々に継がれる点、船内が多くの隔壁で仕切られる
点など、最新の調査研究成果が反映されている。縮尺は約20
分の1。［九州国立博物館所蔵］

飛鳥・奈良時代

入海の宴　『出雲国風土記』に登場する邑美冷水や前
原埼（ともに島根県松江市大海崎町周辺）を再現した。
そこに男女が集まり宴を催したとの記述があり、これ
は歌垣のことと考えられる。歌垣とは、若い男女が集
団で飲食し、歌を通して求愛する儀礼である。模型の
細部には、異性の気を引こうと琴を持ってきた人物や
男女の仲を取り持とうとする老人が配置されている。
これらは直接『風土記』に記されているわけではない
が、関連する歌謡や民俗事例を参考にした。歌垣は自
分の魅力を表現して相手をみつけるハレの日の儀礼で
あり、模型からはそうした賑やかな雰囲気が伝わって
くる。［島根県立古代出雲歴史博物館所蔵／文］

飛鳥・奈良時代

多賀城政庁　仙台市に隣接した多賀城市は、奈良時代から平安時代にかけて東北地方の中心であり、およそ現在の東北地方に相当する広大なる陸奥国の役所として陸奥国府が置かれていた。国府は仙台平野を見渡せる丘陵地に立地し、塩釜港に近い交通の要でもあり、軍事を含む政治全般の拠点であった。発掘調査により、この多賀城跡は塀に囲まれた約900m四方の区域で、域内には

役所のほか工房や宿舎などの施設があったことが判明している。実際に政務が執られた多賀城政庁は、域内中心部の東西103m、南北116mの区画にあった。瓦葺きの築地塀で囲まれ、正殿、脇殿、後殿、楼などが配されて重要な儀式などが行われた。模型は8世紀後半の多賀城政庁を推定復原したもので縮尺は1/100、縦2.5m、横2.0m。〔東北歴史博物館所蔵〕

■未完成だった国府の姿

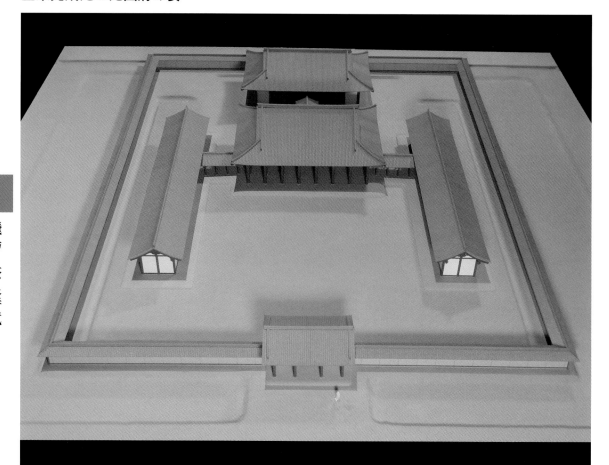

伊勢国府跡 政庁　古代伊勢国の役所である。平成5年（1993）から発掘調査が行われ、確認された礎石の根石や多量の瓦から瓦葺礎石建物であったことが明らかになった。現地（三重県鈴鹿市の鈴鹿川中流北側の河岸段丘上）には正殿・後殿・東脇殿・軒廊の基壇が現在も残る。建物規模や配置が近江国庁と酷似することから、伊勢国府政庁とされた。建物基礎である地覆が確認されたこと、軒平瓦の凸面に朱線があることから、屋根に瓦を葺き、柱の丹塗りの工程まで作業が進んでいたと推測さ

れる。一方で仕上げの基壇化粧が確認されていないため、未完成であったと考えられている。

模型は1998年に完成。未完成であったことを明示するため、基壇化粧は再現していない。製作時は現存する古代建築物のほか近江国庁のCGを参考にした。また、製作時に未確認であった脇殿の南北規模、南門の位置も近江国庁跡を参考にしている。縮尺は1/200、台座70cm×70cm。［鈴鹿市考古博物館所蔵／文 ］

飛鳥・奈良時代

平安時代

都が長岡京をへて平安京に遷って、平安京は嵯峨天皇の時に都として定着、多賀城・胆沢城を拠点とした東北地方の戦いを終結させ、貴族や官人は、内裏や寝殿造の邸宅で生活を楽しんだ。

各地には荘園が生まれ、荘園での人々の生活が始まり、空海や最澄は真言・天台の新たな仏教を唐から伝えた。9世紀後半の富士山の噴火や東北地方を襲った大津波などの大地変動とともに、朝廷は摂政・関白が天皇を補佐する摂関政治がはじまる。

10世紀になると関東や西日本で「兵」が台頭、天慶・承平の乱が起き、これが平定されると、11世紀には都で宮廷文化の花が開いて『源氏物語』『栄花物語』がつくられ、地方では兵がその宅を拠点に開発を進めた。仏教では浄土思想が広がり、この世は末世であると考え、極楽往生を人々は考えるようになった。

11世紀後半からは天皇家や摂関家など公家の家が形成され、天皇家の家長である院（上皇）が政治の実権をとる院政が始まり、「国王の氏寺」法勝寺を建立、鳥羽離宮を造営した。地方諸国では一宮・惣社の祭礼に、武士が関わり、その伊予一宮の大三島大山祇神社や出雲大社が再建された。武士も家を形成するようになり、12世紀後半には平氏が武家政権を樹立した。

［五味文彦］

■1200年前の都の全貌

平安京　延暦13年（794）、桓武天皇によって都は長岡京から平安京に移された。東西4.5km、南北5.2kmの条坊制の都市として建設され、平安時代の400年にわたり政治と文化の中心であり続け、明治維新の東京遷都まで天皇が住む都だった。

模型は1000分の1の縮尺で、サイズは東西11m、南北10mある。季節は初夏を想定し、京域の内側ばかりでなく、東を流れる鴨川や西を流れる桂川流域も含め、広範囲の復原が行われている。2年5か月におよぶ研究会と製作の成果である。［京都市歴史資料館所蔵］

大内裏　上の全景模型の中央やや上（北）にある大内裏。手前中央の朱雀門を入ると正面に国家的儀式が行われた朝堂院、その左（西）に国家的饗宴が行われた豊楽院がある。朝堂院の右奥が天皇の内裏があり、大内裏は東西1.2km、南北1.4km、周囲は高さ2mほどの築地塀で囲まれていた。［京都市歴史資料館所蔵］

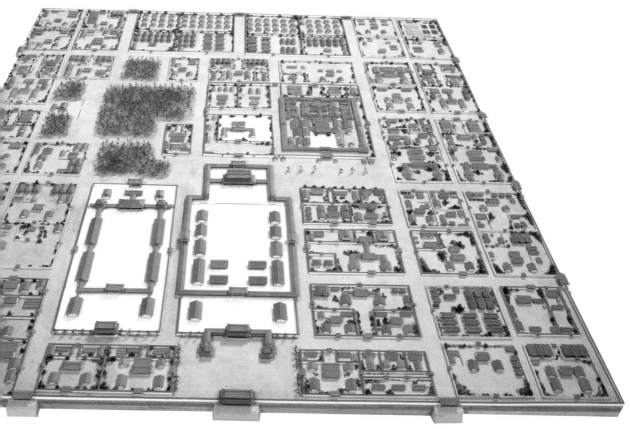

■平城宮を葺く瓦を焼いた窯

吉志部瓦窯跡群　吉志部瓦窯跡群は、大阪府吹田市岸部北に所在する、平安宮の瓦を焼いた9世紀初頭の官営の大規模瓦窯群である。発掘調査の結果、山腹下部には15基以上の平窯があり、斜面の上方には緑釉瓦を焼いた4基の登窯（窖窯）を配列していた。また窯の南東にあたる平坦面からは、粘土採掘場・轆轤ピット・建物・井戸・溝などの遺構を検出し、広範囲にわたって瓦の製作工房が展開していたことが確認されている。しかし、この瓦窯出土の瓦は9世紀初頭の物に限られ、操業は長く続かなかった。

なお、京都市西賀茂瓦窯跡や大山崎町大山崎瓦窯では、吉志部瓦窯出土の瓦の同范瓦（同じ型でつくった瓦）がみつかっている。また、瓦窯の規模や構造も似ており、その関係性を伺うことができる。

模型のサイズは幅100cm、奥行70cm。[吹田市立博物館所蔵／文]

吉志部瓦窯　吉志部瓦窯H-1号平窯の実寸模型である。平窯は、前方に火を焚く焼成室、奥に瓦を焼く燃焼室を設け、それを隔壁で区分した構造となっており、火の回りをよくする工夫がなされている。当時の最新式の窯であった。

吹田市域では、吹田32号須恵器窯をはじめ、5世紀初頭から脈々と焼き物の生産地として展開してきた。博物館の展示室には吉志部瓦窯の他に、吹田32号須恵器窯、吹田12号須恵器窯、七尾瓦窯の実寸模型および移築資料がある。吹田市を代表する窯を、実寸で見比べその大きさを体感することができる。

模型のサイズは幅400cm、奥行210cm。[吹田市立博物館所蔵／文]

軒瓦　吉志部瓦窯でつくられた軒瓦。蓮華紋軒丸瓦や唐草紋軒平瓦、緑釉瓦などが出土している。[吹田市立博物館所蔵]

■古代城柵の姿

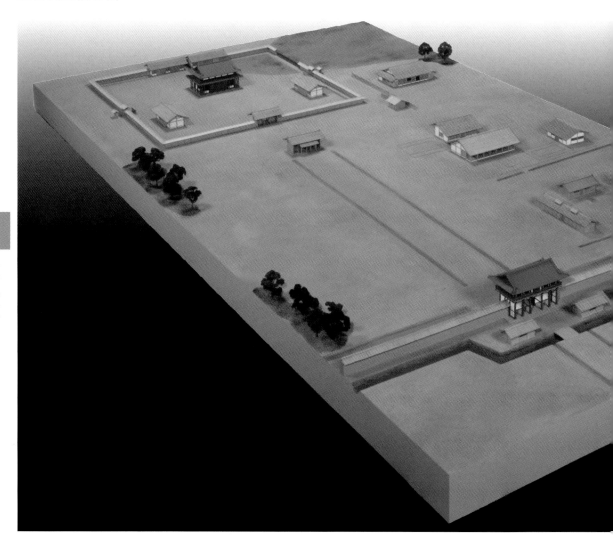

平安時代

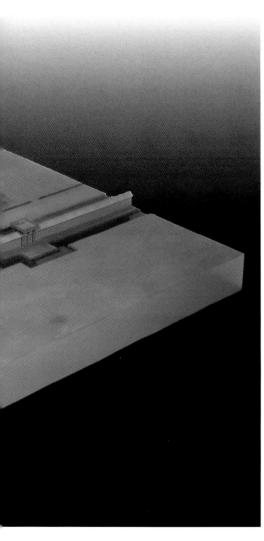

胆沢城 胆沢城は延暦21年（802）、坂上田村麻呂によって現在の岩手県奥州市につくられた古代城柵。約150年間にわたり鎮守府として機能していたと考えられている。

模型は、外郭南門と政庁を結ぶ中軸施設、その東側に展開する厨、官衙建物、饗宴施設と想定される大規模建物を推定復元した。9世紀後半の第Ⅱ期を対象としたが、厨は井戸を中心にした典型的な施設構成を紹介するため、あえて第Ⅲ期の10世紀初頭の遺構を復元、第Ⅱ期遺構は官衙建物とともに、柱位置で表示している。縮尺は1/100。

『類聚三代格』の「貞観18年（876）6月19日　太政官符」から、正月と5月に「俘饗」が行われたことがわかる。当然、服属儀礼を伴うもので、これらエミシ支配の舞台装置として、他の城柵にはない外郭南門（五間一戸）、政庁前門（五間一戸）、政庁南門の三重の門など特異な施設を必要としたと考えられる。［一般財団法人奥州市文化振興財団 奥州市埋蔵文化財調査センター所蔵／文］

胆沢城政庁正殿　全景模型の左上部分。瓦葺き礎石建物の第Ⅱ期（9世紀後半）の正殿を推定復元したもので、外郭南北門を結ぶ中軸線上の南1/3に位置する。第Ⅱ期政庁は南北88m、東西86mに掘立柱塀で区画され、主要建物の正殿と東・西脇殿をコの字型に配置している。南区画塀の中央に南門、東・西区画塀中央に東・西門があり、北区画塀の中央には東西に長い北辺建物が設置されている。なお、模型では復元されていないが、正殿の北西に「内神」を祀ったことがわかっている。北区画塀の内溝から出土した木簡に書かれた「射手所請飯壹斗五升　右内神侍射手巫蝪万呂請件如」から判明したもので、小規模な建物も確認されている。［一般財団法人奥州市文化振興財団 奥州市埋蔵文化財調査センター所蔵／文］

■物語の世界を復原

平安時代

六条院　35歳で太政大臣となった光源氏は、大邸宅・六条院を造営する。六条院は、四町約6万500㎡という広大な敷地で、春・夏・秋・冬に分けられていた。紫の上と光源氏が住む春の町には、紅梅、桜、藤など多くの春の花が植えられた。花散里が住む夏の町は、夏の木陰を主としたつくりに、秋好中宮の御座所である秋の町は、色鮮やかな紅葉が植えられ、明石の君が住む冬の町には、松が植えられて雪景色を鑑賞するのに好都合だった。
模型は、紫式部が描いた『源氏物語』のイメージに沿うよう、光源氏の栄耀栄華の象徴である六条院を建築史学の成果にもとづき、100分の1で復元した。［宇治市源氏物語ミュージアム所蔵／文］

■平安京の外京

鳥羽離宮 平安京の羅城門から鳥羽作道を3kmほど南へ下ると鳥羽離宮に着く。白河・鳥羽上皇の時代に造園された巨大な離宮である。鴨川と桂川の合流地点に位置し、山陽道も通る交通の要衝でもあった。御堂、寝殿、庭園が次々とつくられ、院政期の栄華、鎌倉時代を経るが、南北朝の動乱で戦場になって以降、急速に衰退した。

鳥羽離宮跡は現在の名神高速道路・京都南インターチェンジ付近にあたる。昭和30年代から発掘調査が行われ、膨大な調査結果にもとづいて模型がつくられた。模型の縮尺は1000分の1。サイズは幅5m、奥行き2m。[京都市歴史資料館所蔵]

■空高くまで届く巨大神殿

出雲大社古代本殿 平安時代中期（10世紀）の出雲大社本殿の推定復元模型。『口遊』、「金輪御造営差図」、「出雲大社并神郷図」などを参考に、高さ16丈（約48m）、本殿の一辺約12m、引橋の長さが一町（約109m）で復元された。平成18年（2006）完成。模型の縮尺は1/10。福山敏男監修、大林組作成の設計図をもとに作成された。いまだ謎が多い古代出雲大社の姿をイメージすることができる。この模型のもとになった設計は、意匠の側面のみでなく構造や工法まで検討されており、一定の留保条件のもとであれば古代工法により本殿を建築可能であり、耐震的にも一定の強度を持ち得ることを明らかにした点で重要であろう。［出雲大社所蔵、島根県立古代出雲歴史博物館写真提供／文］

女房装束（にょうぼうのしょうぞく）　女房装束は宮中に仕える女性の正装。奈良時代は中国から伝わった衣装を身につけていたが、平安時代になると日本独自のアレンジが加えられるようになった。「国風文化」の発露である。俗に十二単（じゅうにひとえ）と呼ばれる女房装束は肌着である単に衣を重ねて着用する。特徴的なのは襞の入った裳（も）で、表着の上に着用して後ろに長く引いた。写真は中世初期の女房装束を復原したもの。[国立歴史民俗博物館所蔵]

束帯（そくたい）　束帯は宮廷の儀式等で着用する男性の正装。文官と武官、季節で異なるが、これは文官の夏姿を復原したもの。冠の後ろに纓という部分を垂らしている（垂纓（すいえい））のが文官で、纓を巻いた冠をかぶっている（巻纓（けんえい））のは武官。また、地位によっても服の材質・色・文様が決められている。[国立歴史民俗博物館所蔵]

■サケ漁の拠点

的場遺跡　奈良・平安時代の的場遺跡（新潟県新潟市を流れる信濃川の河口近く）からは、多数の漁具やサケの歯、「杉人鮭」と記された木簡などが出土した。発掘調査の成果をもとに、サケをとり加工する秋の的場集落の様子を1/50模型で表現した。集落の周囲に広がる湿地は信濃川などの漁場へ通じている。舟の櫂が出土したことから、漁師が丸木舟にサケを積んで集落へこぎ寄せる場面を表現した。掘立柱等の遺構出土にもとづき、サケを加工保管する作業小屋・倉庫を配した。役人が身につける装身具や木靴などの遺物から、サケの加工作業や施設を管理する役人を立たせた。サケは越後国が都へ納める貢納品であった。古代、交通の要地であった的場遺跡は漁労の拠点であり官衙的な性格も併せもつ集落であった。［新潟市歴史博物館所蔵／文］

鎌倉時代

院政下の平氏の武家政権を倒して、東国の武士を結集して鎌倉を根拠地にして源頼朝は鎌倉幕府を形成し、平泉を拠点とする奥州藤原氏を滅ぼした。京では荘園を基盤に経済力を高め、家の文化と念仏宗が広がった。その京の文化を摂取、念仏宗・禅宗の宗教文化を受容した幕府は、承久の乱を経て鎌倉中を整備し、切通を開き、大仏建立や由比ガ浜を整備し、鎌倉は東国政権の首都になった。

鎌倉中期から西国の荘園村落のまとまりが生まれた。

モンゴルの襲来を経て唐物が流入、鎌倉へは南の由比ガ浜と東の六浦から入ってきた。真言律宗が東国に入り、六浦の金沢郷の称名寺は律院となって金沢文庫が設けられて多くの書籍が納められ、鎌倉中の極楽寺も律院となった。

京では後嵯峨院の死後に皇統が大覚寺統と持明院統に分裂して相争うなか、多くの御所が建てられ、地方では寺社の門前や街道沿いに町場や市がつくられ、武士の家が定着するようになった。

［五味文彦］

■都市鎌倉の東の玄関口

鎌倉時代

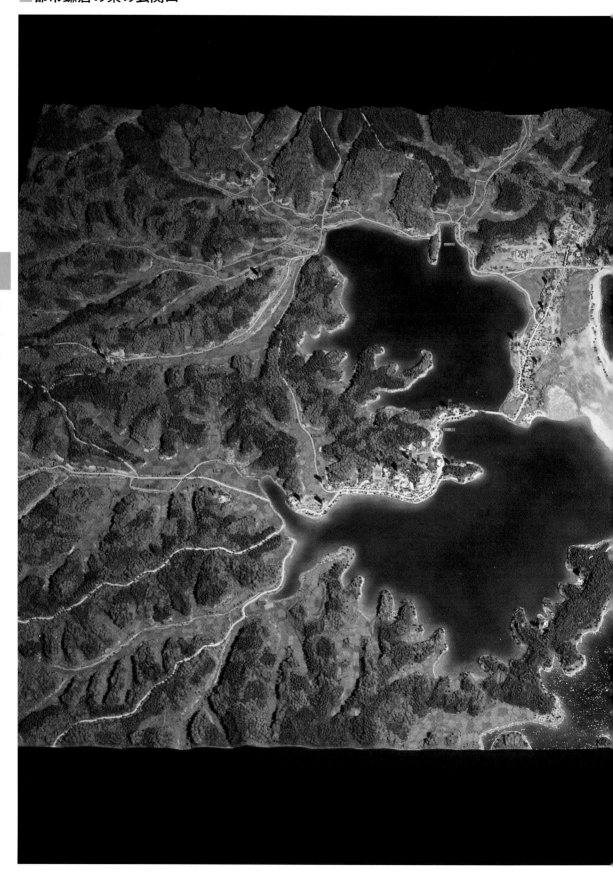

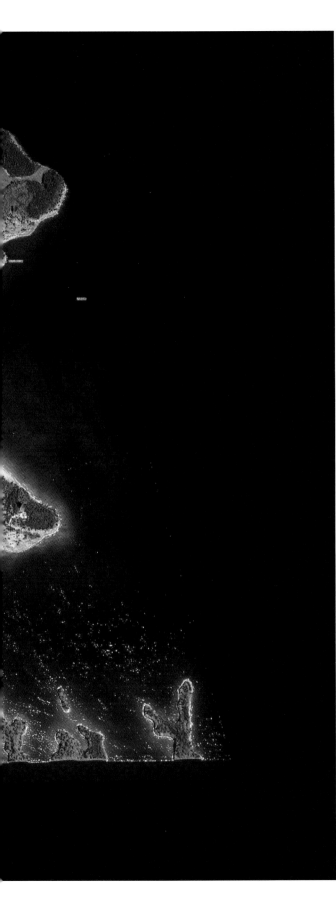

六浦湊　現在の神奈川県横浜市金沢区のかつての入り海「六浦湊」の姿を、1600分の1のスケールで復元している。

六浦湊は古来より湊として発展し、鎌倉開府以後は都市鎌倉の東の玄関口として、おもに関東内陸部や房総半島からの物資を、東京湾を経由して鎌倉にもたらした。

入り海は、中央の瀬戸橋を境に南北に分かれ、北部を「瀬戸内海」、南部を「平潟湾」と呼んだ。この地を領した金沢北条氏は、菩提寺である称名寺の眼前に広がる瀬戸内海を殺生禁断の地とし、また瀬戸橋を架けて金沢郷から鎌倉にいたる道程を確立して、六浦湊の繁栄に寄与した。

江戸時代には、瀬戸橋を中心に入り海を取り巻く景観は「金沢八景」と称され、江戸近郊の名所となっていった。[横浜市歴史博物館所蔵／文]

金沢八景　歌川広重が描いた『金沢八景』の「瀬戸内秋月」（上）と「平潟落雁」。[国立国会図書館所蔵]

■城塞都市

鎌倉　鎌倉幕府は三方を山に、南方を海に囲まれた自然の城塞都市で、まさに武士の都だった。さらに、都の出入りには山を切削してごく狭く見通しの悪い切通しを7か所つくり、防御を固めていた。

模型中央のまっすぐのびている道は山麓の鶴岡八幡宮から浜（由比ガ浜）を結ぶ若宮大路。鶴岡八幡宮は源頼義が康平6年（1063）に京都の石清水から勧請した由比若宮を頼朝が治承4年（1180）に現在地に移し、鎌倉幕府の精神的・地理的な支点となった。幕府成立当初は東西にのびる六浦への街道沿いに幕府（大蔵幕府）が置かれたが、後に若宮大路沿いに宇都宮辻子幕府、若宮幕府へと移されていった。

模型のサイズは縦4m、横4m。[国立歴史民俗博物館所蔵]

14世紀頃の初夏の村　九条家領荘園日根荘（現・大阪府泉佐野市）の中心部、日根野の地形をベースとして14世紀頃の初夏の村を想定して、中世村落を取り巻く施設や環境を復元した。

作成の際には、各地の発掘成果や現存する家屋、寺社仏閣のほか、中世に成立したとされる絵巻や絵図なども参考にしている。荘園は政治・経済・信仰・生活習俗などさまざまな要素が併存し、互いに影響を及ぼしながら発展した。そのため、荘園には信仰の場である寺社・堂・祠、村や田畑、市場のような生活・経済の場、政所のような政治・経営の場のように多様な〝場〟が包括されている。しかし、それらを示す資料には限界があり、荘園が存在していた頃の景観・様相を復元することは困難を極める。この中世の村の模型は、そうした困難を解決しつつ誰でも荘園の景観を想像しやすいようにした一つの答えといえる。［歴史館いずみさの所蔵／文］

集落　14世紀頃の集落を想定して復元。滋賀県西田井遺跡、泉佐野市上町遺跡など中世の集落遺跡の発掘成果を参考に、生垣、堀などで集落内に区画を設け、家の大小で貧富の差を示している。また、集落の左奥には村の信仰の場である村の社とお堂が建っている。神社は村の鎮守であり、雨乞いや豊穣の祭祀を行い、お堂は信仰の場として日常的な信仰を集めたほか、寄合や裁判をしたり、戦の時の集合場所としても使用された。中央の寄棟屋根の屋敷は、村の有力農民の家で、ほかの屋敷と違い、敷地内に井戸がつくられている。村の有力者以外の農民は、村の共有空間にある井戸を利用したことを表している。14世紀頃の集落は、居住地と耕作地が分離し、集村化が進んでおり、集村化が進むにつれて共同作業が増えるため、掟をつくったり、祭りを行って一体感を高めるなど、共同生活をするうえで重要な法の制定、年中行事が行われるようになった。こうして中世の集落は、自治的な村、惣村へ発展していく。［歴史館いずみさの所蔵／文］

政所　政所は荘園内の年貢収納、近隣の領主とのやりとりなど荘園の政務を行うところ。多くの場合、荘園の現地管理者や有力農民の屋敷が該当するが、地域の寺社に設置されることもあった。模型は東寺領荘園新見荘（現・岡山県）に存在した有力農民の館を現存する屋敷図等を参考にして復元した。［歴史館いずみさの所蔵／文］

神宮寺と神社　荘園全体の鎮守である神社とその境内に建てられた神宮寺は、荘園内の人々から信仰を集めた。模型では、大阪府に現存する日根神社とその神宮寺跡である金堂及び日本三大多宝塔の一つを有する慈眼院を参考に復元している。ともに神仏習合の思想が息づいていた頃の面影を残す寺社であり、今なお地域の人々の信仰を集めている。模型の神社の境内には、神を祀る拝殿と社務所のほか、柵と生垣で遮られた隣接地に三間四面の堂と多宝塔、僧の住居が立地している。近代の神仏分離・廃仏毀釈により姿を消した神仏習合時代の神宮寺の姿が想像できる。[歴史館いずみさの所蔵／文]

■武家の館

鎌倉時代

118

中世武家の館　鎌倉幕府を支えていた武士たちは堀や塀、土塁に囲まれた館に住んでいた。館の出入り口は堀に架かった木橋のみで、合戦のときは外された。館内には主人の居住する主屋（母屋　中央の大きな建物）を中心に対屋、厨（台所）、家来たちの出仕する侍廊、館の日常雑務に従事する下人たちの小屋があり、館の周りには氏神、氏寺、牧、田畑、従者たちの家々があった。

文献・絵巻物・地理学や考古学の研究成果をもとに想定復原した。模型の縮尺は60分の1。模型のサイズは横379.5cm、縦349.0cm、高さ85.0cm。［国立歴史民俗博物館所蔵］

■地方における支配階層の館

鎌倉時代

120

堅田館 堅田館跡は金沢市北部の堅田町にある、森下川右岸の丘陵裾で営まれた鎌倉時代を中心とした（13世紀中頃から14世紀末頃）地域有力者の館の跡である。外敵の侵入を防御するためと思われる約100m四方の堀に囲まれた複数の建物がみつかっている。背後の山や川に守られた防御性の強い立地であることなどから、鎌倉時代における加賀の有力武士の館と考えられている。堀の中からは生活用品や中国からの輸入磁器、武具・馬具、祭祀具など多種多様な遺物が出土した。なかでも、般若心経と年号が墨書された巻数（勧請）板と呼ばれる板は、当時の民俗行事を知るうえで貴重であるだけでなく、同時に出土した遺物の使用年代を特定する重要な手がかりとなった。

模型の縮尺は50分の1、幅240cm×奥行210cm。行列は館の主に年頭の挨拶をするためにやってきた人々を表現している。監修は小野正敏、冨島義幸、向井裕知。［石川県立歴史博物館所蔵］

■中世の門前

鎌倉時代

善光寺の門前　善光寺の一光三尊阿弥陀如来は極楽往生を願う人々の信仰を集め、門前では定期市も開かれ、賑わっていた。模型は中世の善光寺の門前を実物大で再現し、親鸞や一遍が新しい仏教を興した時代の宗教的な雰囲気に身を置けることをねらった。

橋を渡ると武士が乗ってきた馬がつながれている。串柿やクルミ、草鞋を売る「棚店（たなみせ）」の隣には、市の日だけサケや米を売っていた「町屋在家（まちやざいけ）」がある。仏像をつくる仏師が暮らす「仏師屋」があり、振り向くと僧侶の住まいである「寺庵」が建っている。正面の仁王像が立つ南大門の奥には、善光寺の本尊である一光三尊阿弥陀如来が見える。［長野県立歴史館所蔵］

■中世の市

福岡市 『一遍 聖 絵』に描かれた備前国（岡山県）
福岡市の場面にもとづいて中世の定期市の様子を復
原した模型。市日には建ち並ぶ町屋に人々が集まり、
雑踏と活気にあふれた。下駄や壺、布地、魚、米な
どが売られている。

鎌倉時代、市は決められた日に開かれる定期市で、
寺社の門前や河原・中州などが市の場所に選ばれた。
模型の縮尺は10分の1。サイズは幅240cm、奥行90
cm、高さ51cm。〔国立歴史民俗博物館所蔵〕

（左余白）鎌倉時代

124

室町・戦国時代

後醍醐天皇が鎌倉幕府を倒してから南北朝の動乱が始まり、千早城など多くの山城がつくられ、そこでの合戦とともに戦乱は全国に広がった。その戦乱を終息させた足利義満は京の北に相国寺、鹿苑寺金閣を建立した。地方では市や宿が多く生まれた。

応仁の乱を経ると、戦国大名が城郭を建設して自立し、領国支配を形成、朝倉氏が越前一乗谷に城下町を形成、各地でも城下町が広がり、甲斐武田氏が甲府城下町、相模の後北条氏が小田原城下町、西国の大内氏が山口城下町、毛利氏が吉田城下町を形成した。

尾張の織田氏は小牧城下町、岐阜城下町を築いて上洛し、琵琶湖畔に安土城を築いて城下町を建設したが、その時期の京の風景は『洛中洛外図屏風』に描かれ、天文年間には日蓮宗と浄土真宗が相戦う天文法華一揆がおき、真宗は山科から大坂石山に本願寺を移した。京周辺では堺や寺内町などの自治都市が生まれた。

［五味文彦］

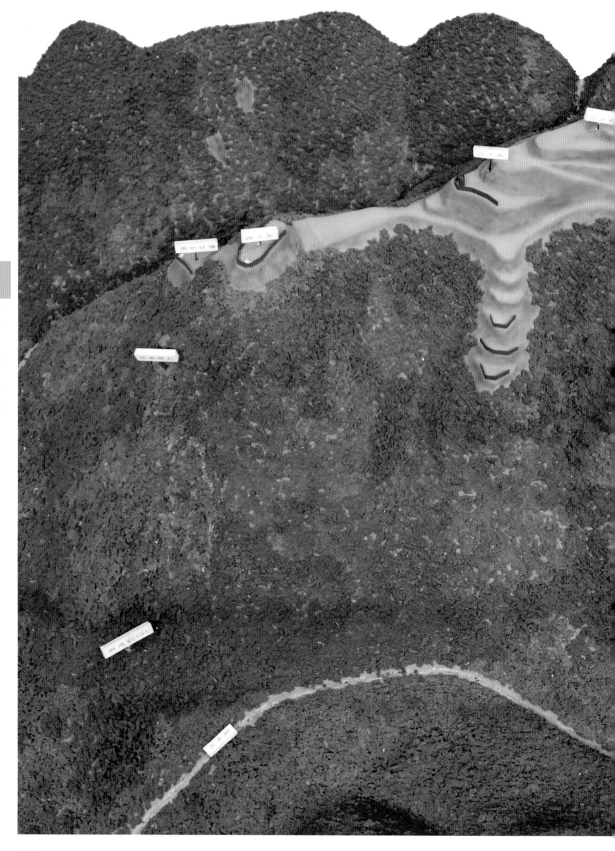

室町・戦国時代

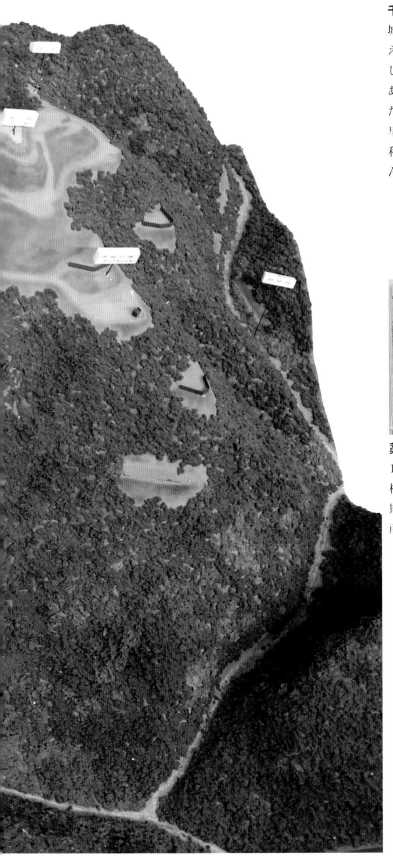

千早城　千早城は、楠木正成が築いた山城の一つ。山への築城のごく初期の城と考えられている。現在の大阪府東部に位置し、四方のほとんどを谷に囲まれた地形である。後醍醐天皇と鎌倉幕府が対立していた元弘3年、正慶2年（1333）に起こった「千早城の戦い」で、楠木正成は地形を巧みに利用した数々の策で幕府軍を撤退に追い込んだ。［千早赤阪村教育委員会写真提供］

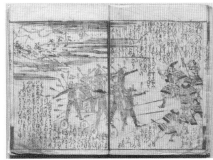

藁人形　『楠正成軍慮智恵輪』（寛政9年 1797　曲亭馬琴）に掲載されている図。楠正成は兵に似せた藁人形を並べて敵軍を欺いたといわれている。［国立国会図書館所蔵］

室町・戦国時代

根城 本丸 主殿（ねじょう）（なんぶもろゆき）　建武元年（1334）に南部師行が築いた根城は、領地替えになるまでの約300年間にわたり八戸の中心であった。青森県八戸市根城字根城に位置する根城跡は、昭和16年（1941）に国史跡に指定された。

発掘調査で確認された柱穴から、本丸跡全体の建物配置と変遷が明らかになっている。検出された中心建物「主殿」は柱穴の平面形がL字形の建物である。写真は根城跡に復原された主殿。検出当時は、張り出しをもつ曲屋様の一棟案と、複数の建物を回廊でつなぐ分棟案の、2種類の復原案で有識者の意見が分かれた。現存する掘立柱建物の「主殿」がないなかで最終的に原寸復原には一棟案を採用し、分棟案は模型を製作した。出土した柿板（こけらいた）を元に柿葺屋根（とちぶき）、柱はヒバ材が採用されている。［八戸市博物館写真提供／文］

根城復原主殿 別案　本丸「主殿」分棟案の1/30の模型。本模型の作成と設置は「主殿」復原の附帯条件と位置づけられた。作成した模型は、設計経緯を記したパネルとともに「主殿」内に展示されている。[八戸市博物館写真提供／文]

根城本丸　上は根城本丸をイメージした復原模型。下は「史跡 根城の広場」の航空写真。[八戸市博物館写真提供]

■戦国大名の館と城下町

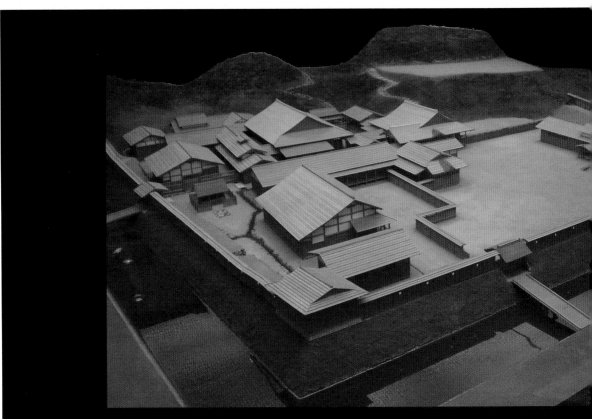

室町・戦国時代

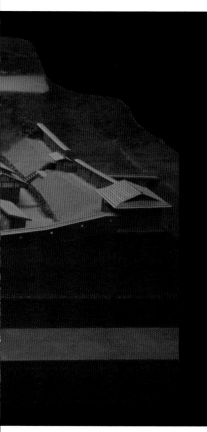

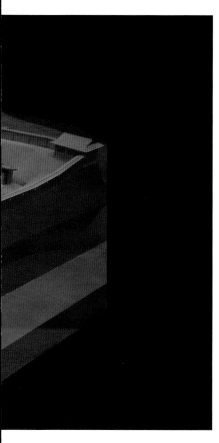

戦国大名の館　一乗谷朝倉氏遺跡は応仁の乱後、天正元年（1573）まで越前朝倉氏が5代100年あまりにわたって越前国支配の拠点とした城下町である。現在の福井県福井市の南東約10kmの一乗谷に位置する。山城・居館・武家屋敷・町屋・寺院などの遺構が保存されている。

この模型は、発掘調査によって明らかになった朝倉館（5代朝倉義景の居館）を『洛中洛外図』に描かれた細川管領邸や文献資料などを参考にして、50分の1の縮尺で推定復原したもの。山城（右奥）に続く東を除いた3方向を濠と土塁で囲み、土塁にはそれぞれ門が開かれ、西側を正門としている。館の内部は10数棟の建物群で構成され、会所（常御殿）を中心に、南側の主殿・泉殿・小座敷を中心とする表向きの建物と、北側の台所・蔵・厩・湯殿などの日常生活に伴う建物に分けられる。また、庭園・花壇などの施設もみられる。朝倉館は、日本の住宅史において、時代的にも様式的にも、近世初頭に完成される書院造の先駆として貴重な例である。［福井県立一乗谷朝倉氏遺跡資料館所蔵／文］

細川殿　『洛中洛外図』上杉本に描かれた細川殿。［米沢市上杉博物館所蔵］

131

一乗谷の町並み 一乗谷朝倉氏遺跡では武家屋敷・寺院・町屋・職人屋敷や道路にいたるまで町並みがほぼ完全な姿で発掘された。
模型は遺構をもとに、一乗谷西岸の南北約250m、東西100mにわたる町を推定復原した。縮尺は1/50。重臣や武家の住居、職人等の住居が整然と区画割りされており、計画的な町づくりが行われていたことがわかる。〔福井市所蔵〕

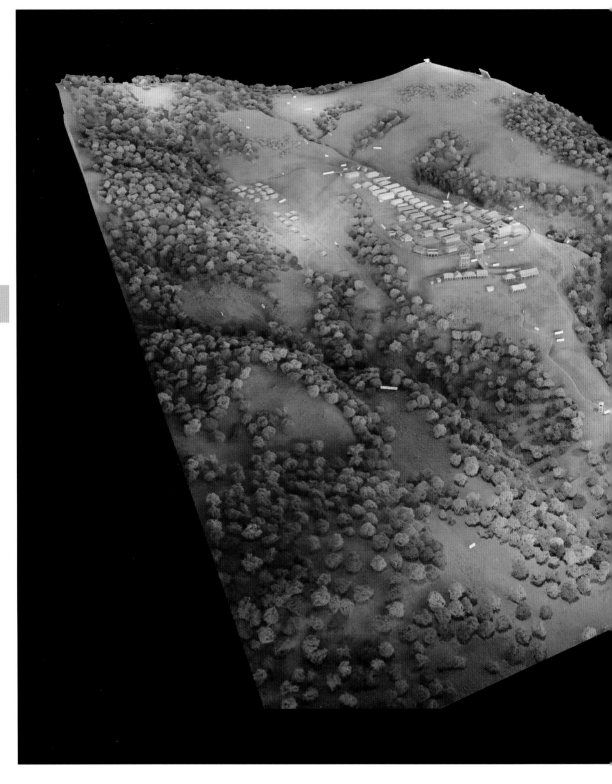

室町・戦国時代

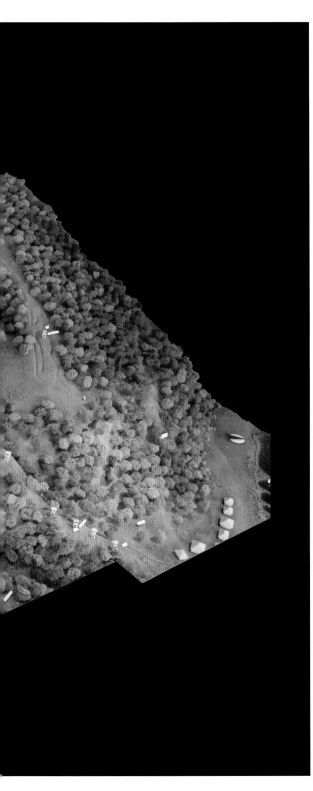

勝山館 現在の北海道檜山郡上ノ国町にあった勝山館
は、文明5年（1473）に松前藩祖の武田信広が館神八
幡宮（現在の上ノ國八幡宮）を建立したとされているこ
とから、この頃に築城されたと推定されている。堀は深
く、二重構造となっており、堅固な山城としての機能を
有している。また現在の福井県や京都とのつながりが強
く、琉球や中国、朝鮮、ベトナムなど広く交易していた
ことも考古学資料から判明している。近年は、出土遺物
から、勝山館内においてアイヌ民族との共生が指摘され
ており、和人とアイヌ民族との関係について、非常に貴
重な史跡として注目されている。

この模型は、昭和54年（1979）から平成11年（1999）
にわたって行われた発掘調査の結果から勝山館の全盛期
を復原したもの。縮尺は1/200。［上ノ国町教育委員会写
真提供／文］

岐阜城下と岐阜城を鳥瞰

岐阜城下　「天下鳥瞰絵巻」と題された模型は、地上の模型と上部スクリーンに投影される映像を通し、岐阜に視点をすえて、織田信長の生涯を描く。

模型は、東は三河国長篠、西は京都から大阪湾までを含む。縮尺は城下町が1/600、岐阜城山頂部（140ページ上の写真）が1/400で、岐阜城を中心にデフォルメしている。

城下町と岐阜城の復元にあたって「稲葉城趾之図」（伊奈波神社蔵）、「御三階之図」（片野記念館蔵）、「濃州厚見郡岐阜図」（名古屋市蓬左文庫蔵）を参考にした。［岐阜市歴史博物館所蔵／文］

■寺内町の中核

大坂本願寺御影堂　天文2年（1533）、現在の大阪城の地に浄土真宗の大坂本願寺が成立し、それを核とした寺内町が生まれて1万人を超える人々が居住した。この模型は、大坂本願寺の中核的な建物である御影堂を、永禄4年（1561）に行われた親鸞300回忌法要の設定で想定復元したものである。さまざまな人々が参詣する様子も再現し、本願寺の社会的、宗教的影響力の大きさを示している。縮尺1/25、サイズは181cm四方。［大阪歴史博物館所蔵／文］

室町・戦国時代

戦国の城

神保植松城　永禄7年（1564）5月の上野国多胡郡（現・高崎市）の神保植松城を復元した。神保植松城は、長辺が約200mの城郭であった。上信越自動車道の建設に伴ってほぼ全域が発掘され、これにより南北朝時代から戦国時代までの城の変遷が明らかになってきた。復元にあたっては、発掘調査、縄張り研究、古文書などの成果を総合し、150分の1の縮尺で同模型を製作した。模型サイズは1.8m×3.0mの半円形。[群馬県立歴史博物館所蔵／文]

神保植松城 戦国時代の一場面　上の模型の部分。永禄7年3月、上杉謙信が武田信玄方の和田城（現・高崎市）を攻撃すると、5月、武田方は倉賀野城（現・高崎市）に矛先を向けた。謙信と信玄の「烏川の攻防」である。信玄は配下の武将に「麦畑を刈り取って、和田・天引（現・高崎市）・高田（現・富岡市）・高山（現・藤岡市）の城に集めろ！　苗代は踏み潰してしまえ、倉賀野の町に火をかけろ！」と命じていた。

この時、神保植松城では、上杉方に付くべきか、武田方に付くべきか神保家が分裂したようである。写真右下の持仏堂では、神保兵庫助が一味神水の契りを交わし、上杉方に付くことを決心する様子が再現されている。[群馬県立歴史博物館所蔵／文]

岐阜城 永禄10年（1567）、織田信長は本拠地を小牧山城から稲葉山に移転し、城下の名を井口から岐阜に改めた。［岐阜市歴史博物館所蔵］

■楽市の賑わい

楽市　永禄10年（1567）、信長は城下町から少し離れた御園に楽市場の制札を立てた。制札は楽市場での交通の自由などの特権を認めたもので、信長の岐阜入城による混乱を収束させ、市場は賑わいを取り戻した。

この原寸模型は市場と城下町を組み合わせるように構成し、年代は宣教師ルイス・フロイスが来岐した永禄12年6月を想定した。

再現にあたっての参考史料は、主にフロイスの書簡と公家・山科言継の日記で、町屋は上杉博物館（米沢市）の『洛中洛外図屏風』や愛知県の清須城下町、福井県の一乗谷遺跡の復元町家を参考にした。道幅など再現できなかったものもあるが、材木の表面を手斧や槍鉋で仕上げるなど、できるだけ当時の加工方法や造形に合わせて原寸で復元した。［岐阜市歴史博物館所蔵／文］

室町・戦国時代

中世環溝屋敷群　高知空港（高知県南国市）拡張整備に伴う発掘調査が、昭和54〜58年（1979〜1983）まで実施され、14〜17世紀の溝に囲まれた田村中世環溝屋敷群が出土した。確認された屋敷跡は31にのぼった。

模型の復原時期は16世紀とし、発掘調査報告書と出土遺物を参考に屋敷群の平面図を作成、未調査部分は『長宗我部地検帳』を用い土地や屋敷等の広さを割り出した。田村城館内の日蓮宗桂昌寺跡の伽藍は、立正大学中尾堯の指導のもと他の日蓮宗寺院を参考に復元した。屋敷の建物は、奈良国立文化財研究所（当時）の宮本長二郎の指導を受け、出土木製品や絵巻、民俗例などを参考に何度も奈良に通い協議して2年かけて製作した。当時は、まだ調査例が少なく、模型作成は困難を極めたが、戦国期の城下町の様子が明らかになった。縮尺は1/60。［高知県立歴史民俗資料館所蔵／文］

室町・戦国時代

四日の市　四日市場（三重県四日市市）の原寸大模型。復元にあたっては、四日市場の初見資料が、室町時代、文明5年（1473）の伊勢神宮の記録であることから、鎌倉時代に成立した『一遍聖絵』に登場する備前国福岡市や信濃国伴野市で描かれたような茅葺掘立柱の吹き放し建物（見世）と、四日市場が三斎市から六斎市、さらには商人の定住によって町場へと変遷する過程を示す壁付建物（住居）を加えた。

多くの商品を担って旅をしながら各地の市で商いをする商人（男性）と、定住した商人の家人（女性）が店番をする店が併存し、地元の海産物や美濃国の紙、尾張国の焼物、近江国の曲げ物、都の絹織物などの隣国から仕入れた商品が取引される様子を再現した。建物は製材された材料は高価なため、丸木のまま使用しているが、窓につく蔀戸や、入口となる扉などは規格化された同じものをそれぞれ必要な場所で使用している。また商品を並べる見世棚（店、大店等の語源）は、住居より丁寧につくられている。道幅は展示スペースの関係で狭くなっている。市場の中心は鈴鹿山脈から伊勢湾につながる千草街道と中世の東海道が交差する辻にあったとされる。背景画は島倉二千六が描いた。展示空間は幅5m×奥行13m、建物最大高3.1m。［四日市市立博物館所蔵／文］

江戸時代

信長、秀吉を経て徳川家康が江戸に徳川幕府を開くと、各地では華麗な城郭が次々に建てられ、大坂冬・夏の陣を経て天下泰平が到来、海水運が整備、新田が開発され、佐渡金山の採掘が本格化、禁教令を受け天草・島原一揆がおき平定すると、本格的な城下町が各地で形成され、参勤交代の制がしかれた。

東海道など五街道が整備され、芭蕉が奥州への旅をし、大坂と蝦夷地を結ぶ航路も整い、各地には多様な職業の人が現れ、城下町も整備され町人や百姓の所帯が定まり、藩校が生まれ、寺子屋も広がり、塾も生まれ、屏風や往来物や図譜などの冊子が出版された。

18世紀後半から諸国の町では、町人中心の祭が盛大に開かれ、村では若者組が村芝居や村祭を開き、江戸では杉田玄白らの蘭学や浮世絵や歌舞伎の世界が、京都では伊藤若冲や円山応挙、俳句の与謝蕪村、大坂では上田秋成などが独自の世界を開き、蝦夷地の世界も開かれた。

天保4年（1833）からの天保の飢饉に応じ、改革を求める大塩平八郎の乱や生田万の乱を経て、幕府は関東の農政改革や、天保8年からは天保の改革を始め、諸藩でも藩政改革を行い、藩校で医学・洋学を教え、鶴屋南北が歌舞伎改革をはかり、北斎が絵画に「改革」を求め、開港地横浜や長崎の世界が開かれ、改革を求める百姓一揆もおきた。

［五味文彦］

江戸時代

富田城 島根県安来市広にあった広大な富田城とその眼下に広がる城下町の模型。約1.4km四方の範囲を600分の1のスケールで再現した。復元している時代は、関ケ原の戦いの後、堀尾氏が入城し松江城を築くまでの江戸時代初め頃である。当時の様子を描いたと推定される絵図を参考に、現存する石垣等の遺構や発掘調査の成果も踏まえて、城主の御殿や櫓、武家屋敷、城下町の町屋敷など当時の建物を推定復元している。難攻不落と称された自然地形を巧みに活かした山城の防御の様子や、戦国時代の土の城から、石垣や瓦葺建物が築かれる近世的な城へ変貌していく様子を見ることができる。[安来市教育委員会所蔵／文]

山中御殿　富田城の中心部。

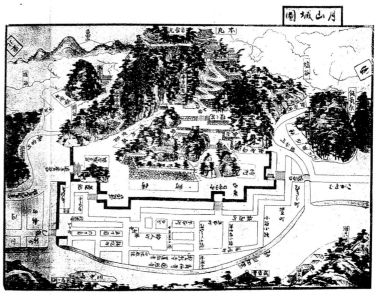

月山城圖　明治44年（1911）刊行の『雲陽軍実記』に掲載された富田城の図。
模型作成の資料の一つになった。［国立国会図書館所蔵］

■豊臣秀吉の難攻不落の巨城

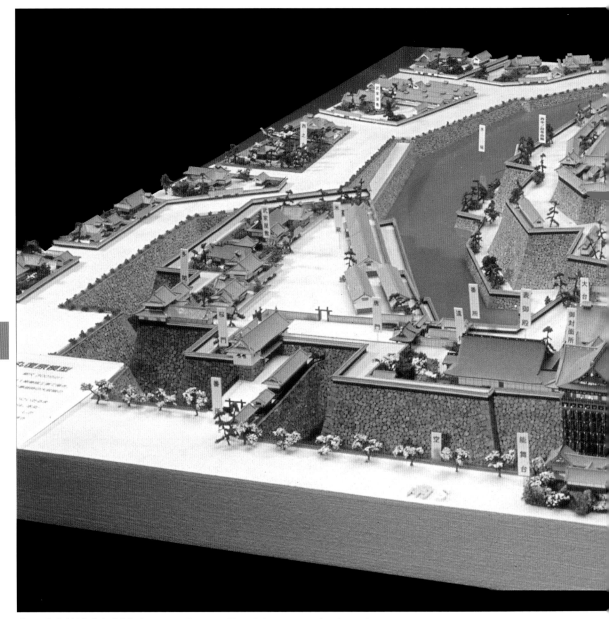

豊臣秀吉築造大坂城本丸　この模型は、豊臣秀吉が天正11年（1583）から
同13年にかけての第一期築城工事で築き、その後、千畳敷御殿の増改築や能
舞台の新築などを加えて完成をみた最盛時の大坂城の本丸の姿を復原したも
の。縮尺は1/300。

豊臣秀吉の大坂城は、天正11年からその死の翌年（慶長4年　1599）にいた
るまで長期間にわたる築城工事を重ねて難攻不落の名城となったもので、その
全容は、本丸・二の丸・三の丸・惣構えの四重構造からなる周囲およそ2km四
方の巨城であった。しかし、大坂冬の陣（慶長19年）・夏の陣（慶長20年）の
戦火で落城し、徳川時代に根本的に築き直されたため地上には痕跡をとどめず、
今日、推定復原が可能なのは本丸のみである。［大阪城天守閣所蔵／文］

Model of the Reconstruction of Honmaru (Inner Bailey) of Osaka Castle built by Hideyoshi Toyotomi

■徳川時代の大坂城

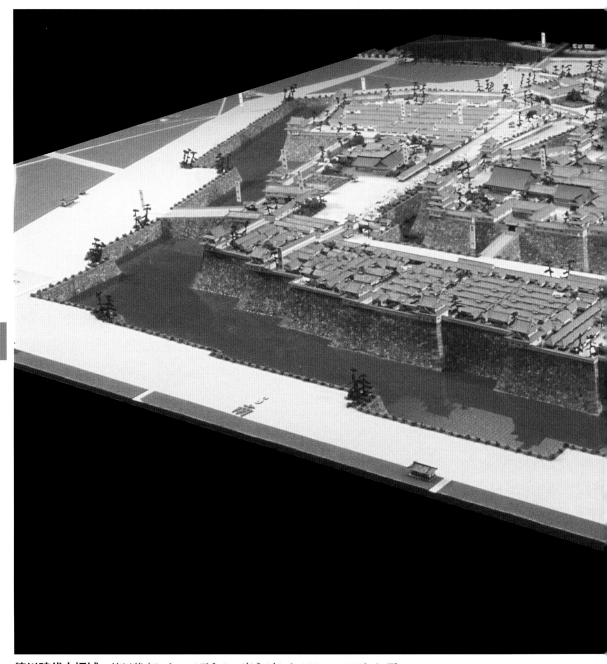

江戸時代

徳川時代大坂城　徳川幕府によって元和6～寛永6年（1620～1629）に再築された大坂城の全景模型。縮尺は1/350。天守閣が寛文5年（1665）落雷で焼失する以前の最盛時の姿を示す。ただし、西の丸の焔硝蔵（えんしょうぐら）は貞享2年（1685）の築造である。建造物の大半は明治維新（1868年）の城中大火で炎上し、一部は昭和20年（1945）の空襲で焼失した。［大阪城天守閣所蔵／文］

■三方を海に囲まれ海と山を守る城の形

萩城　慶安5年（1652）幕府へ提出された「萩居城絵図」をもとに、萩城の本丸、二の丸と背後の指月山の山上に設けられた詰丸を、500分の1スケールで復元。天守・矢倉・門は立体表現し、本丸御殿や二の丸に置かれた寺院・神社などは平面表示している。萩城は、城下町が建設された三角州の北西端、日本海に突き出た指月山に築かれた。指月山麓の本丸には、5層の天守と2棟の矢倉を配置し、内堀を巡らした。二の丸には、12棟の矢倉を建ち並べ、中堀を巡らした。指月山の山頂には、6棟の矢倉を巡らし、海と陸を監視した。三方を海に囲まれ、攻めにくく、守りやすい要害の地である萩城の様相が一目瞭然に理解できる。模型のサイズは200cm×160cm。［萩博物館所蔵／文］

■仙台城下町

芭蕉の辻　江戸時代、仙台城の城下町を区画整備していく際に基準となった交差点を「芭蕉の辻」と呼ぶ。仙台城から東へ向かう道と奥州街道とが交わる十字路である。付近は仙台城下町の中心地として大いに賑わい、年末には歳の市が立ったという。江戸時代後期には、交差点の角地それぞれに瓦葺きの建築物が建てられ、商家が軒を連ねた。

模型はその頃の様子を復原したもので、縮尺は1/30、縦1.9m、横2.7m。中央奥の仙台城から手前（東）へのびてきた道が大町通りで、左右（南北）に貫く奥州街道が交差する。辻の四つ角には竜や兎、獅子などの飾り瓦をのせた豪商の大きな店が建ち、仙台名物として賑わった。

近代以降になると芭蕉の辻の豪商の店は銀行へ、建物も洋風建築へと変貌を遂げていく。現在は交差点に「芭蕉の辻」碑が立つ。［東北歴史博物館所蔵］

明治期の芭蕉の辻　『東宮行啓記念宮城県写真帖』（明治41年　1908）より明治期の芭蕉の辻。左手前にわずかに商家の面影が見える。［国立国会図書館所蔵］

■福井城下の奇橋

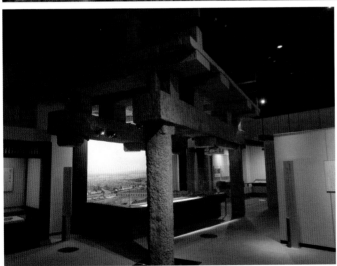

九十九橋　福井の城下町を流れる足羽川には北側が木、南側が福井名産の笏谷石でつくられた橋があった。長さが九十九間（実際は八十八間＝約160m）という意味で九十九橋（または大橋）と呼ばれ、半石半木の奇橋として知られていた。橋の上には多くの人や物が行き交う北陸道が通り、北岸の橋のたもとの舟着場は北前船の寄港する三国湊につながっていた。

模型は当時の絵画や古写真から江戸後期の景観を復元している（写真上、南側から北側を見る）。下の写真は石造部分の一部を実物大で復元した模型。橋の南側は桃林が広がり、花見の名所だった。模型ではそんな華やいだ様子も再現している。［福井市立郷土歴史博物館所蔵／文］

江戸時代

御師屋敷　街道も整い人口も増えた江戸時代、伊勢神宮を目指す
参宮客は激増し、御師を通じて信仰が深められた。御師は祈禱師
と宿泊業を合わせたような存在で、人々は特定の御師の檀家とな
り、参宮の時はその御師の屋敷に滞在してもてなされた。

外宮前の山田の町には、大小さまざまな御師屋敷があり、左の模
型は檀家数35万余りの外宮御師三日市大夫次郎の屋敷を30分の1
で再現している。敷地は、間口約55m、奥行約130m、総面積約
1800坪（5950㎡）、建物総床面積約800坪（2644㎡）。5棟の客室、
神楽殿、50畳を超える広間、台所、御師の住居部分、そして広大
な庭園などから構成されていた。

御師の屋敷では、神楽役人と呼ばれる人々によって、神楽が奏さ
れた。上の模型では、神楽が奏される直前、御師が祝詞を奏上し
ている場面を再現した。そして、神楽ののちに、参宮客は「神楽膳」
と呼ばれる豪華な食事を楽しんだ。なお、模型の人形それぞれに
居住地、年齢、性別といった人物設定があり、御師の史料や、当
時の旅日記『道中記』など一次史料を根拠としている。設定にし
たがい、『伊勢参宮名所図会』や浮世絵をもとに、装束の考証を行
い、実際に人が着付をして細部を確定。膨大な情報が1体の人形
に詰まっている。［三重県総合博物館所蔵／文］

江戸時代

松江城下 松江城（島根県松江市）とその城下は、城地、武家町、町人町、寺町に整然と区画してつくられ、防御のために張り巡らされた堀を中心に、実戦を重視した造成当時の施設や工夫を、現在でも随所に見ることができる。中国地方特有の赤瓦は見られず、燻しただけの黒瓦を使用するのが出雲国内の特徴であった。武家屋敷の内には果樹園や畑があって、自給自足と質素倹約が求められた。堀に面した武家屋敷内には船を停泊させる船入りがあり、城下は船で行き来できた。模型の時代は幕末、季節は陽春。縮尺は1/600、模型のサイズは幅2m30㎝×奥行2m30㎝である。監修者は松岡利郎、和田嘉宥、足立正智。屋敷割は城下町図で明らかとなるが、屋敷内の建物は、100石、400石、1000石取りと、石高に応じた藩士屋敷の屋敷絵図にもとづく構成要素を敷衍させて復元した。［松江市立松江歴史館所蔵／文］

渡海場の風景　松江城下を南北に分ける大橋川に架かる唯一の橋である大
橋（前ページの右下の橋）界隈は、宍道湖と中海を結ぶ東西の結節点とし
て賑わい、渡海場と呼ばれた。松江の渡海場に属さない船は、必ず荷を下
ろさなければならない場所だった。また、藩船の船員が住んだ御船屋には、
江戸や上方の大相撲で活躍した力士達も住み、後輩力士の指導にあたった。
時代は幕末、季節は陽春。縮尺は1/100、模型のサイズは幅3m45cm×奥行
3m45cmである。松江藩が町人への課税と居住地把握のためにつくらせた、
江戸後期の詳細な『松江町人町絵図』をもとに復元した。［松江市立松江歴
史館所蔵／文］

■川を立体交差させる治水工事

底樋埋設工事　古来より信濃川下流域は大小の湖沼が数多く点在する低地で、洪水の被害を受けやすい地域であった。被害をもたらす水を海へ排水し、潟の水位を下げるため、多くの障害を乗り越えて文化15年（1818）に新川開削工事が着工された。

模型はその難所の一つとされた底樋埋設工事の様子を100分の1の縮尺で表現したものである。新川を日本海へ流す途中で旧来からある西川と交差するため、西川の下を新川がくぐり抜けるよう、西川に木製の底樋を埋めている様子である。この工事によって新川と西川は立体交差することとなった。西川を迂回させた後、河床を掘り下げ、しみ出す水を排水しながら、底樋を組み立てる様子は、当時の古文書・版本をはじめ、後世の絵画や図面・模型等の資料を参考に表現した。［新潟市歴史博物館所蔵／文］

六連の水車　底樋の組み立て中や埋設中に湧き出る
地下水の汲み出しに、六連の足踏み式の水車が使われ
た。左の模型の部分拡大。［新潟市歴史博物館所蔵／文］

■農村歌舞伎舞台

江戸時代

中山の農村歌舞伎舞台　農村歌舞伎舞台は、江戸時代から農民の娯楽として行われている農村歌舞伎や人形浄瑠璃を上演するための舞台。模型は香川県小豆郡小豆島町（旧：池田町）中山の春日神社境内にある農村舞台（野舞台）の幕末期を想定し、春日神社の全域及び周辺部の田を含む範囲を推定復原した。

建築様式は茅葺き寄棟づくりで、茅葺の周囲に瓦がある四方蓋づくりになっている。廻り舞台やセリを備え、天井には竹を井桁に組んだブドウ棚がある。花道は上演時に組み立てる仮設である。舞台と社殿の間の斜面が桟敷と呼ばれる客席になるほか、タカバと呼ばれる土地の有力者の客席も設けられた。模型では、舞台下の奈落の構造も見ることができる。幅144cm、奥行180cm、高さ101cm。縮尺は1/30。〔国立歴史民俗博物館所蔵〕

■石のアーチ橋

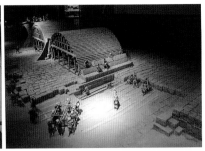

石橋 江戸時代の末期、薩摩藩は城下整備の一環として現・鹿児島市の中心を流れる甲突川に5つの大きなアーチ石橋を架けた。このなかの西田橋は、九州街道の道筋にあって参勤交代の列が通り、特に豪華に建造された。左上から右に、石の切り出しと運搬、石の加工、基礎の木組みへの石積みといった作業風景が再現されている。左は模型のほぼ全景。［鹿児島県立石橋記念公園写真提供］

西田橋 移設復原工事が行われた石橋記念公園内の西田橋（橋長約50mの4連アーチ石橋）。橋左は整備された西田橋御門。アーチの向こうに見えるのは噴煙を上げる桜島。［鹿児島県立石橋記念公園写真提供］

■大火からの復興

江戸時代

166

江戸橋広小路界隈　明暦3年（1657）の明暦の大火の後、幕府は火事の拡大を防ぐため、一部の町を立ち退かせて防火帯である明地（空き地）を設けた。江戸橋広小路もその一つだったが、河川に面していて水運の便がよいことから河岸や市として発達し、蔵も設けられた。周辺の町は明地の掃除などの管理を命じられ、その経費を確保するために仮設の床店（店舗）を貸し付けることが許され、江戸橋広小路は次第に盛り場となっていった。模型の縮尺は60分の1。サイズは幅7m、奥行3m。〔国立歴史民俗博物館所蔵〕

明暦の大火　明暦の大火で逃げまどう人々。『むさしあぶみ 2巻』（万治4年　1661）より。〔国立国会図書館所蔵〕

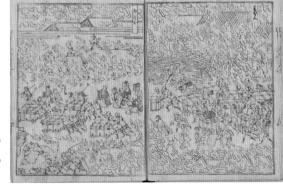

■幕末期の江戸城

本丸御殿・二丸御殿　江戸城の内堀に囲まれた内郭には、本丸・二丸・西丸・吹上御庭などがあり、本丸・二丸・西丸にそれぞれ御殿が建っていた。
模型は、幕末期の本丸御殿・二丸御殿の様子を200分の1で復原したもの。南（模型の右）から幕府行政の中心機関である表、将軍の私室である中奥、女性のみが住む大奥などの壮麗な建物が並んでいた。本丸御殿の建坪は約1万1373坪（弘化期　約3万7600㎡）で、江戸時代におけるもっとも規模の大きい木造建築群の一つだった。現在は広大な皇居東御苑になっており、天守台が残っている。江戸城の天守閣は、江戸初期の50年間しか存在しなかった。[東京都江戸東京博物館所蔵]

江戸時代

『**金沢城下図屏風**』（犀川口町図）　6曲1双。大きさは各縦151.5㎝、横360.0㎝。犀川の右岸が右隻（右の3枚）に、左岸が左隻に描かれている。金沢生まれの狩野派の絵師・福島秀川の作品。［石川県立歴史博物館所蔵］

加賀城下　加賀藩の歴史は、天正9年（1581）に前田利家が織田信長から能登一国を与えられたことに始まる。19年後の関ヶ原の戦いで得た領地によって100万石を超え、全国一の大藩（たいはん）になった。

模型は『金沢城下図屛風（犀川口町図）』（石川県立歴史博物館所蔵）に描かれた金沢城下の賑わいを推定復原したもの。復原範囲は、石川県金沢市を流れる犀川に架かる犀川大橋の中程から東北方向へ宮竹屋伊右衛門家のあった地点までの約200m。当時の金沢随一の繁華街が町家15軒と人物201人、馬や犬などで表現されている。宮竹屋喜左衛門（酒造業）や宮竹屋伊右衛門（薬種業）のように商売を特定できる大店もあったが、多くの町家は屛風に描かれている商品や店構え、暖簾などから商売を特定した。監修は山崎幹泰。縮尺は40分の1で、幅525cm×奥行92cm×高さ25cm。［石川県立歴史博物館所蔵］

『**金沢城下図屛風**』**部分**　模型で復原された犀川大橋あたり。石置き屋根の店が並び、武士や僧侶、農民、行商人が行き交い、橋上に物品を並べる露天商もいる。［石川県立歴史博物館所蔵］

大名行列　加賀藩は大藩だけあって参勤交代の規模も大きく、少ないときで2000人、多いときは4000人もの随行者が参加したとされる。江戸までは通常で12泊13日、費用は数千両かかった。

人形は金沢の彫刻師・堀内祥運の作で、人間は379人、馬は13頭、駕籠は4丁つくられた。白馬にまたがっているのが藩主。[石川県立歴史博物館所蔵]

『**加賀藩大名行列図屏風**』　大正期から昭和初期にかけて制作された8曲1双の屏風。大きさは各縦154.2cm、横446.8cm。左下が先頭で、長い行列を折りたたみ、人物473人、馬14頭、駕籠4丁を描いている。行列の先頭は町役人で、武具を持った家来や医者などが続いた。［石川県立歴史博物館所蔵］

■萩城下の町人地

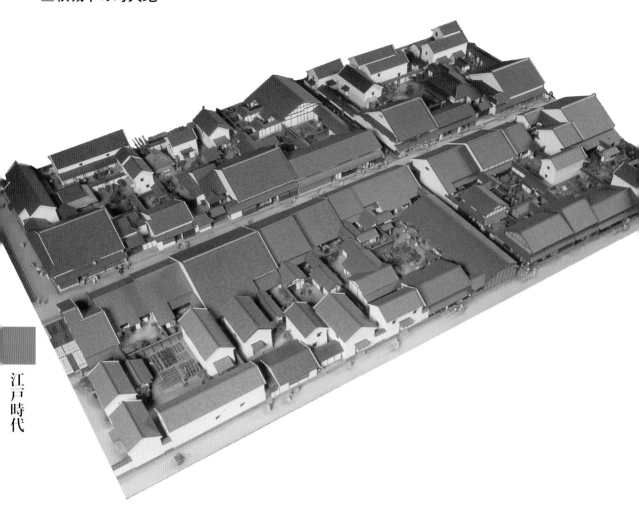

萩城下町　江戸時代の終わり頃、1850年代の萩城下の町並みと賑わいを表現した模型。

模型化したエリアは、外堀を隔てて萩城三の丸と接した町人地で、城下のメインストリート沿いに規模の大きな商家が軒を並べた一画。現在も、藩の御用を務めた商家をはじめ、江戸時代に建てられた町家が多数存在する。現存家屋は調査をもとに復原、そうでないものについては、市内の江戸期建築物の調査成果や、町並みを詳細に描いた絵画などをもとに、敷地ごとに空間を総合的に復元した。模型のサイズは140cm×210cm、縮尺は1/70。［萩博物館所蔵／文］

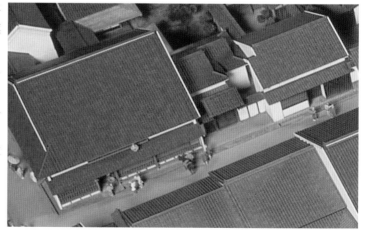

■二大街道の合流分岐点に立地する宿場町

東海道草津宿　草津宿は江戸時代に東海道・中山道の分岐合流点となり、いまも最大級の規模を誇る草津宿本陣が現存する。近年、都市化が進む滋賀県草津市において、宿場町の景観が失われつつあるなかで、この模型は当時の姿をうかがう手がかりとして200分の1で再現したものである。草津宿では、本陣の歴史資料以外の宿駅関係資料がほとんど残っていないことから、明治5年（1872）の地券取調べの「草津村切絵図」を地割とし、町並みに残る江戸以降の伝統的工法の建物調査を行って、宿内の町家建物をいくつかにパターン化し、文久元年（1861）の将軍上洛に際しての間取図の上に配していった。屋根に関しては「東海道分間延絵図」などの描写資料をもとに再現を行った。［草津市立草津宿街道交流館所蔵／文］

175

■幕末から明治期の宿

府中宿の町並み　江戸時代の五街道の一つである甲州街道
の宿場町だった府中宿は日本橋から西へ約30kmに位置し、
内藤新宿を数えて4宿目にあたる。

模型は、宿場を構成していた本町・番場宿・新宿の3か村と、
武蔵総社六所宮（現在の大國魂神社）の社領であった八幡
宿村にかかる約1.8kmの町並みとともに、天正18年（1590）
に徳川家康によって造営されたと伝えられる府中御殿の跡地
を再現した。縮尺は200分の1、サイズは930cm×450cm。
時代設定は江戸時代末から明治時代初期で、地租改正に伴い
作成された地籍図の地割をもとに、江戸時代の絵図や『江戸
名所図会』『新編武蔵風土記稿』等の地誌に掲載された情報
に推測を加え、建物などを配置した。［府中市郷土の森博物
館所蔵／文］

武蔵総社六所宮　木々に囲まれた武蔵総社六所宮と
左右にのびる甲州街道。［府中市郷土の森博物館所蔵］

■中山道の宿

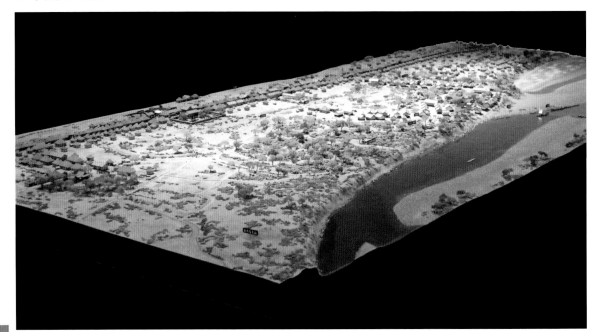

倉賀野宿　『高崎宿・倉賀野宿往還通絵図面』（個人蔵）をもとに、さまざまな絵図や古文書などを総合し、元禄16年（1703）を想定して250分の1の縮尺で復元した。倉賀野宿は、中山道と利根川支流の烏川が結ばれる水陸交通の重要地点として栄えた土地である。模型では、中山道の町並みや賑やかな問屋場、河岸につながる道筋など、多くの人や物が行き交う当時の様子を再現した。上州の一大ターミナルであった倉賀野宿の様子が細部まで表現されている。いまの倉賀野宿には、河岸跡を記す石碑、石づくりの常夜灯、江戸時代から明治時代に建てられたとされる木造建築物などが点在しており、当時の面影を残している。［群馬県立歴史博物館所蔵／文］

江戸時代

木曽街道倉賀野宿烏川之図　天保後期に渓斎英泉が描いた木曽街道の倉賀野宿。［国立国会図書館所蔵］

■日本橋

五街道の起点　日本橋は五街道の起点で、交通・物流の要所だった。幕府の役所や大店が軒を連ね各地から人々が集まった。日本橋の北側には幕府に魚を納め、江戸の魚取引の中心となった魚河岸があり、活気にあふれていた。そんな日本橋を題材に数多くの絵画が描かれた。［国立国会図書館所蔵］

東海道 日本橋　歌川豊国作

東海道 一　歌川広重作

江戸八景 日本橋の晴嵐　渓斎英泉作

東都名所 日本橋真景并ニ魚市全図　一立斎広重作

■蝦夷地最大の陣屋

江戸時代

仙台藩白老元陣屋　現在の北海道白老郡白老町にあった仙台藩白老陣屋は、幕末、ロシアの南下政策に対応するため、幕命により仙台藩が築いた北方警備の砦である。海岸線より約2.5kmの内陸に位置する。三方を山に囲まれ、東西を小河川が流れる天然の要塞にあり、高い土塁と深い堀割に囲まれた面積6万6000㎡の屈強な陣構えであった。

内曲輪と呼ばれる本丸の直径は約125m、外曲輪は長さ216m、幅120mで、高さ2〜3mの土塁の総延長は835mもあった。この中に藩士が暮らす6棟の長屋をはじめ、兵粮蔵や兵具蔵、稽古屋、馬屋、門などが建てられた。外曲輪が居住的な性格をもつのに対し、内曲輪は管理的な機能を集中させていた。また、東西の丘には国元から愛宕神社と塩釜神社を勧請し、赤松の苗木も移植した。

安政4年（1857）6月、約1年という短期間で落成し、仙台藩による蝦夷地白老での警備が始まった。

模型のおおよそのサイズは幅4.3m、奥行2.3m。高い土塁と深い堀割に囲まれた大きな陣構えであったことを、そのスケール感とともに再現することに腐心した。

復原に際しては、『白老元御陣屋之圖』（宮城県図書館所蔵　安政3年春頃）、『白老陣屋長屋・蔵・厩圖』（宮城県図書館所蔵　安政3〜同6年）、『仙台藩白老元陣屋之圖』（仙台藩白老元陣屋資料館所蔵　安政4年9月）、『仙台藩白老陣屋図』（もりおか歴史文化館所蔵　安政〜慶応）などを参考資料とした。［仙台藩白老元陣屋資料館所蔵／文］

■本格的西洋式工場群の誕生

江戸時代

高炉　嘉永4年（1851）に薩摩藩主となった島津斉彬は、反射炉やガラス工場のほか、紡績、写真、電信など多岐にわたる工場を次々に建て、一連の工場群を「集成館」と名付けた。日本最初の本格的西洋式工場群である。

高炉（溶鉱炉）は砂鉄や鉄鉱石などから鉄を大量につくる製鉄施設で、鉄を溶かす反射炉と同じく、オランダの技術書をもとに薩摩の在来技術を応用して建設された。集成館では鉄をつくる高炉、大量の鉄を溶かして砲身をつくる反射炉、砲身に穴を開ける鑽開台（さんかいだい）の3つの施設で鉄製大砲の製造を行った。

模型は現存する絵図を参考に幕末期の作業風景を再現している。縮尺は30分の1。上は模型正面。中は模型を左から。下は模型の裏面。右は上から見たところ。［鹿児島県歴史・美術センター黎明館所蔵／文］

江戸時代

首里城正殿　首里城は奄美大島から与那国島にいたる島々を領土とする琉球王国の拠点だった。琉球王国は15世紀前半に成立し、明治12年（1879）に明治政府の琉球処分によって、日本に統合されるまで約450年にわたって存続した琉球王国は滅んだ。

王国は滅亡しても首里城は丘陵地に建ち続け、焼失と再建を繰り返し、昭和20年（1945）の沖縄戦で4度目の焼失、平成4年（1992）に復原されたが令和元年（2019）に5度目の焼失を経験した。

模型は首里城正殿。1930年代に実施された首里城の修復に参加した知念朝栄らが昭和28年に完成させた。3度目の火災後の正徳5年（1715）に再建された首里城にもとづいてつくられた。縮尺は10分の1で、幅307cm、奥行234cm、高さ170cm。平成4年の首里城正殿の復原にこの模型が参考にされたという。［沖縄県立博物館・美術館所蔵］

首里城正殿前　首里城正殿前で披露
された小学生の演武。[『空手道大観』
（昭和13年）より]

■水運

高瀬船　利根川や江戸川流域を航行した大型船の高瀬船模型。「高瀬船（舟）」という名の船は全国の河川に見られ、喫水線の浅い小型の船を指すことが多い。利根川水系の高瀬船は、例外的に大きいものだった。大型のもので長さ30m近くあり、船乗りが休息するための世事（せいじ）が設けられた。なかには、米俵を1300俵も積めるものもあり、江戸と関東地方に多くの米やその他の産物を運ぶことに使われた。

この模型の縮尺は1/3で大きさは長さ8m50cm、幅1m50cmあり、船乗りの人形も乗せられている。幕府川船役所が享和2年（1802）に作成した『船鑑』をもとに、和船研究家である石井謙治の監修を受けて製作された。[千葉県立関宿城博物館所蔵／文]

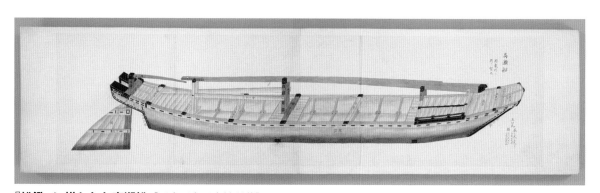

『船鑑』に描かれた高瀬船　[国立国会図書館所蔵]

江戸時代

明治時代

明治期は文明開化に始まり、明治6年（1873）の森有礼・西周・津田真道・福沢諭吉らの明六社の啓蒙活動、翌年からの自由民権運動、その運動の請願に発した明治14年の国会開設、明治22年の大日本帝国憲法の発布へと推移する。

文明はその名のもとで戦争が遂行されてきたのであり、明治2年5月に榎本武揚が降伏して戊辰戦争が終わるが、士族反乱にともなう西南戦争が明治10年に起き、明治27年に日清戦争、同37年に日露戦争となる。

停車場がつくられ汽車が鉄道を走り、船は帆掛け船から汽船へと変化するとともに、横浜や大阪の港湾が整備され、横浜や神戸、長崎などには外国人屋敷が建ち、中華街が生まれ、造船所が建設された。大河川の上流にはダムが構築され、下流には巨大な橋が架けられるなどインフラが整備され、鹿鳴館や準洋風学校が建てられた。

［五味文彦］

明治時代

初代萬代橋（ばんだいばし）　明治19年（1886）11月、初代萬代橋が信濃川に架橋され、両岸の新潟と沼垂が結ばれた。この模型は当時の木橋の姿を150分の1の縮尺で表現したものである。

初代萬代橋の長さは現存する三代目萬代橋のおよそ倍におよぶ約782mであった。橋の構造や各部の部材の寸法・数は「万代橋架設実際費用控」等の記録資料や写真資料等を参考とした。模型脇のモニタで、橋の構造やつくり方の段階を3DCG映像で紹介している。橋上には、行き交う人々や人力車を配して当時の風俗を紹介するとともに、橋下の水面には木造船や川蒸気の模型を配し、「みなとまち新潟」の交通・物流を支えた河川舟運の一端を知ることができるように配慮した。［新潟市歴史博物館所蔵／文］

■日本の造船所発祥の地

小菅 修 船場　小菅修船場は明治元年12月（1869年1月）、長崎に竣工した。蒸気機関を動力として船体を陸上に引き上げて修理を行う日本初のスリップドックだった。引き上げレールに並べられた船架がソロバンのように見えたため、ソロバン・ドックとも呼ばれた。薩摩藩と英国商人のトーマス・グラバーが共同で建設した。国有化されたのち、同20年に三菱に払い下げられ、昭和28年（1953）まで稼働した。

模型は、明治前期の春日丸のドック入りの場面を再現した。縮尺は1/90。小菅修船場跡は世界文化遺産「明治日本の産業革命遺産」の構成要素の一つになっている。［鹿児島県歴史・美術センター黎明館所蔵／文］

川口居留地　川口居留地は慶応4年（1868）の大阪開港に伴い用意された外国人の居住地。当時としては珍しい西洋館が建ち並び、大阪における西洋の窓口だった。模型は明治17年（1884）頃を想定し、復元にあたっては「川口居留地研究会」の研究成果や、『大阪外国人居留地之図』（大阪市史編纂所蔵）などの図面、写真や錦絵を参考にした。写真や絵ではわからない建物細部の構造や色は他都市の現存する洋館を参考に、開口部や煙突の位置と内部の想定平面との整合に注意しながら復元した。縮尺は1/50。[大阪くらしの今昔館所蔵／文]

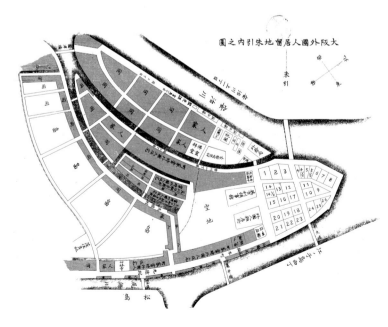

大阪外国人居留地朱引内之図　『大阪税関沿革史』（昭和4年刊行）の明治5年のページに掲載されている地図。スケート靴のように見える土地のつま先部分が外国人居留地だった。1番から26番まで区画割されている。[国立国会図書館所蔵]

■横浜の外国人居留地

横浜居留地 横浜は安政6年（1859）に開港した。静かな漁村が開港で様変わりした。現在の山下町と山手町が外国人居留地だった。キリスト教の布教、新聞の発行、演劇、競馬、テニス、ビール、アイスクリームなど触れたことのない西欧文化が持ち込まれた。

写真上：南北にのびる日本大通りの東側（右上）が外国人居留地だった。模型の設定年代は明治20年代。季節は5月中旬の午後、晴天を想定している。横浜のほぼ中央にあたる港周辺を範囲としている。日本大通りの突き当たりの赤い建物は横浜税関、左側の日本人居住区のいちばん奥は横浜郵便局でその手前は横浜電信局。右上の外国人居留地のいちばん奥は英国領事館で、ロシア領事館、教会、銀行、ホテルなどが並ぶ。縮尺は110分の1。

写真下左：西欧式の庭を設けた館も建った。

写真下右：港側から眺めた居留地。中央上は横浜税関。

［出典 神奈川県立歴史博物館］

■神戸の外国人居留地

外国人居留地 外国人居留地は「安政五カ国条約」を締結した国の人々の居住と貿易を認めた区域で、神戸では鯉川から生田川の間で西国街道付近から海岸まで。慶応3年12月7日（1868年1月1日）の兵庫（神戸）開港から明治32年（1899）まで設けられた。「東洋でもっとも美しく、よく設計された居留地」といわれる。模型は明治30年頃を再現し、建物数は約350棟ある。設計は坂本勝比古（神戸芸術工科大学名誉教授）。当時の写真、絵画等をもとに1棟ずつ設計図を作成して復原された。縮尺は200分の1。[神戸市立博物館所蔵、DNPartcom写真提供]

■近代産業の胎動

明治時代

富岡製糸場　富岡製糸場は、明治5年（1872）に政府の製糸に関する模範工場として現在の群馬県富岡市に設立された。操業終了は、昭和62年（1987）のことであった。官営から民営へと経営形態を変えながら、115年にわたって製糸工場として稼働したことになる。

写真の模型は昭和54年に製作し、平成28年（2016）に修正したもの。模型製作当時、富岡製糸場は民営の製糸工場としてまだ操業中であったが、日本の近代化を象徴する建造物であったため、模型展示を行った。復元にあたっては、設立当時の姿が描かれた錦絵などを参照した。現在の模型は、研究水準の向上に合わせて修正を施したものである。[群馬県立歴史博物館所蔵／文]

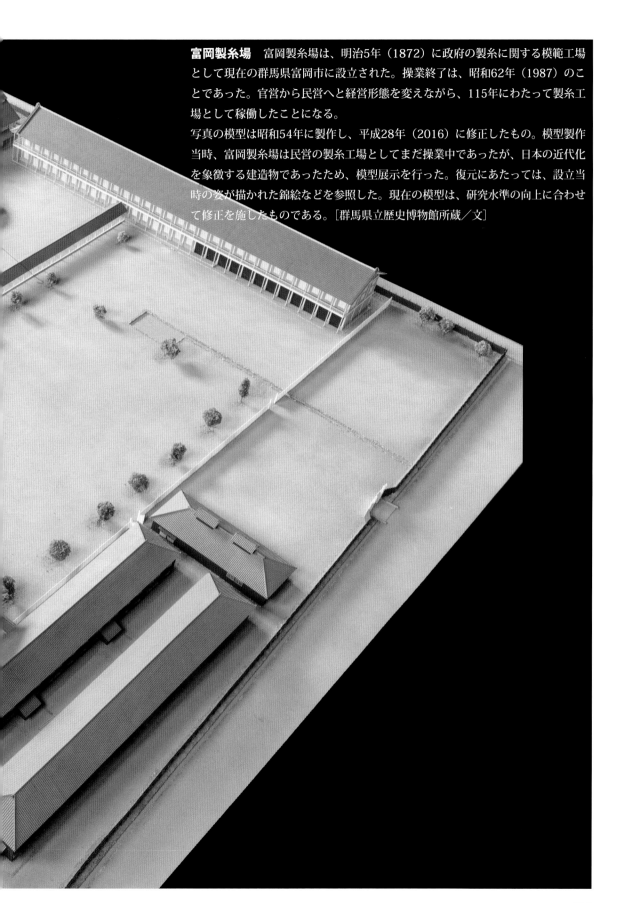

富岡製糸場中心部　115年にわたって操業を続けた富岡製糸場は、その時々の社会情勢に応じて建造物などは大きく変遷を遂げているが、本模型は明治初期の創業当時の姿を表している。富岡製糸場が担った生糸生産は、欧米向けの主要な輸出品目として、近代化を目指す当時の日本において主力産業であった。生糸の原料を産出する養蚕業がかねてより盛んだった当地に、官営の富岡製糸場が建てられたのである。建築の際は、フランスの専門家が設計や建築指導を行った。窓ガラスや窓枠にフランス製品が使われるなど、建築物にも影響がみられる。

設立当初から存在し続ける建造物としては、国宝となった繰糸所（糸を繰る場所で、写真正面手前の細長い建物）、西置繭所（繭の保管庫で、写真左奥の細長い建物）、東置繭所（写真右）がある。ほか、錦絵に描かれた繰糸所内部の様子や、当時の工女の回顧録など補足資料から、明治初期の日本を牽引した富岡製糸場の姿を垣間見ることができる。〔群馬県立歴史博物館所蔵／文〕

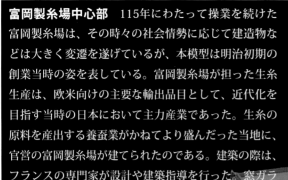

『**上州富岡製糸場之図**』　明治5年（1872）に出版された富岡製糸場の外観と内部（右）の画。一曜斎国輝の作。〔国立国会図書館所蔵〕

明治時代

197

■近代都市の胎動

芝橋の景観　明治35年（1902）発行の『新撰東京名
所図会』の鳥瞰図「芝浦之景」をもとに、当時の芝橋
周辺（現在の東京都港区芝一丁目・芝四丁目・芝浦一丁
目付近）を再現した。鳥瞰図「芝浦之景」には、芝橋
付近に官営鉄道（東海道線）や馬車鉄道、人力車や川船、
海船などが行き交っている様子や、当時風光明媚な景
勝地として知られた芝浦海岸の料亭街が描かれている。
その後、この場所には路面電車や地下鉄、新幹線やモ
ノレールなどさまざまな交通機関が登場し、川は道路
に姿を変え、景勝地であった海岸も埋め立てられて埠
頭や首都高速道路が整備されるなどしたため、この地
は交通や景観の歴史的変化をとらえる好適地といえる。
模型製作にあたっては、前述の鳥瞰図のほか、当時の
地図や写真、絵画類を参考にした。縮尺は約200分の1。
模型右側の白い部分は、参考資料から区画や建物を推
定することが困難であったため、空白
にした。[港区立郷土歴史館所蔵／文]

■水を活かす

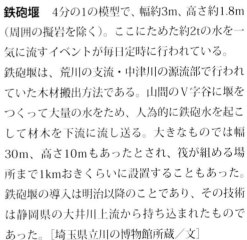

鉄砲堰　4分の1の模型で、幅約3m、高さ約1.8m（周囲の擬岩を除く）。ここにためた約2tの水を一気に流すイベントが毎日定時に行われている。鉄砲堰は、荒川の支流・中津川の源流部で行われていた木材搬出方法である。山間のV字谷に堰をつくって大量の水をため、人為的に鉄砲水を起こして材木を下流に流し送る。大きなものでは幅30m、高さ10mもあったとされ、筏が組める場所まで1kmおきくらいに設置することもあった。鉄砲堰の導入は明治以降のことであり、その技術は静岡県の大井川上流から持ち込まれたものであった。[埼玉県立川の博物館所蔵／文]

■西欧化への社交場

明治時代

鹿鳴館　鹿鳴館は外務卿（後に外務大臣）井上馨による欧化政策の一環として建設された西洋館。明治16年（1883）、3年がかりの建設で現在の東京都千代田区内幸町に開館した。煉瓦づくり2階建てで総建坪466坪（約1540㎡）。楼上正面に舞踏室があってその両端には見物室と休息室があり、客室、食堂、奏楽室、喫煙室、ビリヤード場などがあった。

井上は旧幕府が結んだ不平等条約の改正に取り組んでいたが、鹿鳴館は日本が文明国であることをアピールするための社交場として使われた。夜ごと国賓や外国の外交官を接待する舞踏会が催されたが、舞踏会でのルールやエチケットに通じた日本人は少なく、西欧人からは滑稽がられもしたようである。

明治20年、井上は条約改正に失敗し辞職する。鹿鳴館は西欧化をアピールする社交場としての役割を終えた。明治23年からは華族会館として使用されるようになり、昭和16年（1941）に取り壊された。

上は鹿鳴館の敷地内を復原した模型で縮尺は25分の1。左は楼上の舞踏会の様子。[東京都江戸東京博物館所蔵、DNPartcom写真提供]

明治時代

銀座大通り 明治5年（1872）の銀座大火で東京の中心地が灰燼に帰したのを期に、銀座は文明開化にふさわしい西欧風の耐火構造の街に生まれ変わることになった。道路幅は拡張され、煉瓦家屋の2階にはバルコニーが張り出し、煉瓦の敷かれた歩道にガス灯が立った。明治10年には復興・再開発事業を終え、西欧から輸入した家具や洋服などを売る店や洋食店、牛鍋屋、時計店、鞄店などが並んだ。

模型は明治10年代を復原したもので、縮尺は10分の1。後には、新聞社や雑誌社、関連する印刷所、広告会社などが次々と進出し、銀座はメディア産業の中核地にもなった。大正期には銀座を歩いたり人と会ったりすることが時代の最先端を行く、おしゃれでかっこいいこととして「銀ぶら」という言葉も生まれた。〔東京都江戸東京博物館所蔵、DNPartcom写真提供〕

施設・模型リスト

旧 旧石器・縄文時代　弥 弥生時代　古 古墳時代　飛 飛鳥・奈良時代

平 平安時代　鎌 鎌倉時代　室 室町・戦国時代　江 江戸時代　明 明治時代

都道府県	模型設置施設	項目　掲載ページ（模型名）	住所　☎電話番号
北海道	勝山館跡ガイダンス施設	室勝山館 135（勝山館）	〒049-0601 檜山郡上ノ国町字勝山427 ☎0139-55-2400
北海道	仙台藩白老元陣屋資料館	江仙台藩白老元陣屋 181（仙台藩白老元陣屋復原模型）	〒059-0912 白老郡白老町陣屋町681-4 ☎0144-85-2666
青森県	史跡 根城の広場	室根城本丸 主殿 128（根城主殿実寸復原）、根城復原主殿別案 129（根城主殿分棟案1/30模型）	〒039-1166 八戸市根城字根城47 ☎0178-41-1726
青森県	八戸市博物館	室根城本丸 129（根城本丸イメージ模型）	〒039-1166 八戸市大字根城字東構35-1 ☎0178-44-8111
青森県	三内丸山遺跡センター	旧三内丸山遺跡 15（三内丸山遺跡航空写真）、大型竪穴建物 16・大型掘立柱建物 17（大型掘立柱建物 復元）	〒038-0031 青森市三内丸山305 ☎017-766-8282
岩手県	奥州市埋蔵文化財調査センター	平胆沢城 99・胆沢城政庁正殿 99（胆沢城模型）	〒023-0003 奥州市水沢佐倉河字九蔵田96-1 ☎0197-22-4400
宮城県	東北歴史博物館	飛多賀城政庁 90（多賀城政庁復元模型）、江芭蕉の辻 154（芭蕉の辻復元模型）	〒985-0862 多賀城市高崎1-22-1 ☎022-368-0101
群馬県	かみつけの里博物館	古保渡田古墳群周辺 59（5世紀の世界）、豪族居館跡 59・三ツ寺I遺跡の石敷 60（王の館）	〒370-3534 高崎市井出町1514 ☎027-373-8880
群馬県	群馬県立歴史博物館	旧中野谷松原遺跡 10・中野谷松原遺跡 大型建物 10・中野谷松原遺跡 農作業 10（中野谷松原遺跡模型）、古綿貫観音山古墳 57・綿貫観音山古墳 埴輪 57（綿貫観音山古墳墳丘復原模型）、室神保植松城 139・神保植松城 戦国時代の一場面 139（神保植松城模型）、江倉賀野宿 178（倉賀野宿模型）、明富岡製糸場 195・富岡製糸場中心部 196（富岡製糸場模型）	〒370-1293 高崎市綿貫町992-1 ☎027-346-5522
栃木県	下野薬師寺歴史館	飛下野薬師寺伽藍 67（下野薬師寺伽藍）	〒329-0431 下野市薬師寺1636 ☎0285-47-3121
千葉県	千葉県立関宿城博物館	江高瀬船 186（高瀬船）	〒270-0201 野田市関宿三軒家143-4 ☎04-7196-1400
千葉県	国立歴史民俗博物館	古黒井峯遺跡 58（黒井峯・西組遺跡復元模型）、平女房装束 105（中世初期公家女房装束 復元）、束帯 105（中世初期公卿束帯（武官）復元）、鎌鎌倉 110（鎌倉周辺の地形模型）、中世武家の館 119（武家の館）、福岡市 124（備前国福岡市模型）、江中山の農村歌舞伎舞台 164（農村歌舞伎舞台模型）、江戸橋広小路界隈 167（江戸橋広小路界隈復元模型）	〒285-8502 佐倉市城内町117 ☎050-5541-8600
埼玉県	埼玉県立川の博物館	明鉄砲堰 199（鉄砲堰）	〒369-1217 大里郡寄居町小園39 ☎048-581-7333
東京都	府中市郷土の森博物館	旧武蔵台遺跡 11・ムラでの狩猟 11（武蔵台のムラ模型）、飛武蔵府中熊野神社古墳 66（熊野神社古墳模型）、武蔵国国司像 83（巨萬朝臣福信像）、国府のマチ 83・国府のマチ中心部 84（国府のマチ模型）、江府中宿の町並み 177・武蔵総社六所宮 177（府中宿町並模型）	〒183-0026 府中市南町6-32 ☎042-368-7921
東京都	東京都江戸東京博物館	江本丸御殿・二丸御殿 168（幕末の江戸城—本丸・二丸御殿）、明鹿鳴館 201（鹿鳴館）、銀座大通り 203（銀座煉瓦街）	〒130-0015 墨田区横網1-4-1 ☎03-3626-9974
東京都	港区立郷土歴史館	明芝橋の景観 198（芝橋あたりの交通とまち）	〒108-0071 港区白金台4-6-2 ゆかしの杜内 ☎03-6450-2107

神奈川県	神奈川県立歴史博物館	明 横浜居留地 191（横浜居留地模型）	〒231-0006 横浜市中区南仲通5-60 ☎045-201-0926
神奈川県	横浜市歴史博物館	鎌 六浦湊 109（六浦地形復元模型）	〒224-0003 横浜市都筑区中川中央1-18-1 ☎045-912-7777
神奈川県	神崎遺跡資料館	弥 神崎遺跡 ムラの暮らし 38・竪穴式住居 38・土器づくり 39・脱穀 39・機織り 39・道具づくり 39（神崎遺跡復元ジオラマ）	〒252-1124 綾瀬市吉岡3425-5 ☎0467-77-0841
長野県	星くずの里たかやま黒耀石体験ミュージアム	旧 黒曜石の採掘 18（星糞峠黒曜石原産地遺跡 第01号採掘址の採掘坑）	〒386-0601 小県郡長和町大門3670-3 ☎0268-41-8050
長野県	長野県立歴史館	鎌 善光寺の門前 122（善光寺門前）	〒387-0007 千曲市大字屋代260-6 ☎026-274-2000
新潟県	新潟県立歴史博物館	旧 冬の狩り 12・春の採集 12・夏の海 13・秋の広場 13（縄文人の世界）	〒940-2035 長岡市関原町1丁目字権現堂2247-2 ☎0258-47-6130
新潟県	十日町市博物館	旧 縄文人 20（「縄文人」マネキン）、土器の高精度復元 20（国宝「火焔型土器」高精細レプリカ）	〒948-0072 十日町市西本町1-448-9 ☎025-757-5531
新潟県	新潟市歴史博物館	平 的場遺跡 106（的場遺跡復元模型）、江 底樋埋設工事 162・六連の水車 163（新川底樋埋設工事模型）、明 初代萬代橋 188（初代萬代橋模型）	〒951-8013 新潟市中央区柳島町2-10 ☎025-225-6111
石川県	石川県立歴史博物館	鎌 堅田館 121（堅田館復元模型 鎌倉時代の加賀有力武士の館）、江 加賀城下 171（城下町金沢の暮らしと町並み模型）、大名行列 172（大名行列人形）	〒920-0963 金沢市出羽町3-1 ☎076-262-3236
福井県	福井市立郷土歴史博物館	江 九十九橋 155（九十九橋）	〒910-0004 福井市宝永3丁目12-1 ☎0776-21-0489
福井県	福井県立一乗谷朝倉氏遺跡資料館	室 戦国大名の館 131（朝倉館復原模型）	〒910-2152 福井市安波賀町4-10 ☎0776-41-2301
福井県	一乗谷朝倉氏遺跡復原町並ガイダンス棟	室 一乗谷の町並み 132（一乗谷の町並復原模型 平井地区）	〒910-2153 福井市城戸ノ内町28-37 ☎0776-41-2330
岐阜県	岐阜市歴史博物館（岐阜公園内）	室 岐阜城下 136・岐阜城 140（天下鳥瞰絵巻）、楽市 141（楽市立体絵巻）	〒500-8003 岐阜市大宮町2丁目18-1 ☎058-265-0010
岐阜県	大垣市歴史民俗資料館	飛 美濃国分寺伽藍 82（美濃国分寺伽藍復元模型）	〒503-2227 大垣市青野町1180-1 ☎0584-91-5447
静岡県	静岡市立登呂博物館	弥 登呂のムラづくり 29・登呂の住居 30（登呂遺跡復元住居）	〒422-8033 静岡市駿河区登呂5-10-5 ☎054-285-0476
愛知県	あいち朝日遺跡ミュージアム	弥 交易の様子 22・朝日遺跡集落 23・海での活動 漁の様子 24・農地での活動 収穫と田植え 25・祭祀の様子 26・埋葬の様子 27・防御施設と戦い 27（朝日遺跡ロケーションジオラマ）	〒452-0932 清須市朝日貝塚1 ☎052-409-1467
三重県	三重県総合博物館	江 御師屋敷 157（三日市大夫次郎邸復元模型）	〒514-0061 津市一身田上津部田3060 ☎059-228-2283
三重県	そらんぽ四日市（四日市市立博物館）	室 四日の市 144（四日の市推定復元）	〒510-0075 四日市市安島1丁目3-16 ☎059-355-2700
三重県	鈴鹿市考古博物館	飛 伊勢国府跡 政庁 92（伊勢国府 政庁模型）	〒513-0013 鈴鹿市国分町224 ☎059-374-1994
滋賀県	草津市立草津宿街道交流館	江 東海道草津宿 175（草津宿まちなみ模型）	〒525-0034 草津市草津3丁目10-4 ☎077-567-0030
京都府	宇治市源氏物語ミュージアム	平 六条院 100（六条院）	〒611-0021 宇治市宇治東内45-26 ☎0774-39-9300
京都府	京都市平安京創生館	平 平安京 94・大内裏 94（平安京復元模型）、鳥羽離宮 102（鳥羽離宮復元模型）	〒604-8401 中京区丸太町通七本松西入 京都市生涯学習総合センター ☎075-812-7222
奈良県	天理市立黒塚古墳展示館	古 竪穴式石室 44（復元竪穴式石室）	〒632-0052 天理市柳本町1118-2 ☎0743-67-3210

都道府県	模型設置施設	項目 掲載ページ（模型名）	住所 ☎電話番号
奈良県	橿原市藤原京資料室	飛藤原京 全景 74（藤原京1000分の1復元模型）	〒634-0073 橿原市縄手町178-1 ☎0744-21-1114
奈良県	桜井市立埋蔵文化財センター	弥纏向遺跡建物群 41（纏向遺跡辻地区建物群）	〒633-0074桜井市芝58-2 ☎0744-42-6005
奈良県	奈良市役所	飛平城京 朱雀大路周辺 76・平城京 全体 77（平城京復元模型）	〒630-8580 奈良市二条大路南1-1-1 ☎0742-34-1111
奈良県	唐古・鍵遺跡史跡公園	弥楼閣 28（復元楼閣）	〒636-0226 磯城郡田原本町唐古50-2 ☎0744-34-5500
奈良県	奈良県立橿原考古学研究所附属博物館	古極楽寺ヒビキ遺跡 48（極楽寺ヒビキ遺跡大型建物復元模型）、南郷大東遺跡導水施設 60（南郷大東遺跡導水施設模型）、飛飛鳥宮 62（飛鳥宮復元模型）、エビノコ正殿 63（飛鳥宮 エビノコ正殿復元模型）	〒634-0065 橿原市畝傍町50-2 ☎0744-24-1185
奈良県	飛鳥資料館	飛古代飛鳥の中枢部 65（古代飛鳥の1/500模型）	〒634-0102 高市郡明日香村奥山601 ☎0744-54-3561
奈良県	平城宮いざない館	飛平城宮第一次大極殿の構造模型 78（第一次大極殿1/5構造模型）	〒630-8012 奈良市二条大路南3-5-1 ☎0742-36-8780（平城宮跡管理センター）
奈良県	復原事業情報館	飛平城宮第一次大極殿院の復原整備模型 78（第一次大極殿院1/200復原整備模型）	〒630-8003 奈良市佐紀町平城宮跡内 ☎同上
奈良県	特別史跡 平城宮跡	飛第一次大極殿復原建物 79（平城宮跡第一次大極殿）	〒630-8003 奈良市佐紀町平城宮跡内 ☎03-6734-2876（文化庁文化財第二課）
奈良県	特別史跡 平城宮跡	飛平城宮東院庭園 79（特別名勝 平城宮東院庭園）	〒630-8001 奈良市法華寺町平城宮跡内 ☎同上
奈良県	国営飛鳥歴史公園 キトラ古墳壁画体験館 四神の館	飛キトラ古墳墳丘 70（キトラ古墳墳丘）、石室 71（キトラ古墳 石室復原模型）、壁画『玄武』71（キトラ古墳 復原壁画『玄武』）	〒634-0134 高市郡明日香村大字阿部山67 ☎0744-54-5105
大阪府	大阪くらしの今昔館（大阪市立住まいのミュージアム）	明川口居留地 190（川口居留地—文明開化と西洋館—）	〒530-0041 大阪市北区天神橋6丁目4-20 住まい情報センタービル8階 ☎06-6242-1170
大阪府	大阪城天守閣	江豊臣秀吉築造大坂城本丸 148（豊臣秀吉築造大坂城本丸復原模型）、徳川時代大坂城 150（徳川時代大坂城全景模型）	〒540-0002 大阪市中央区大阪城1-1 ☎06-6941-3044
大阪府	大阪歴史博物館	飛前期難波宮 62（前期難波宮復元模型）、室大坂本願寺御影堂 138（大坂本願寺御影堂復元模型）	〒540-0008 大阪市中央区大手前4-1-32 ☎06-6946-5728
大阪府	大阪府立近つ飛鳥博物館	古仁徳天皇陵古墳 46（仁徳天皇陵古墳模型）、飛聖徳太子墓の内部 66（聖徳太子墓の内部の復元模型）	〒585-0001 南河内郡河南町大字東山299 ☎0721-93-8321
大阪府	大阪府立弥生文化博物館	弥卑弥呼 41（卑弥呼の人形）、卑弥呼の館 全景 42・卑弥呼の館 部分拡大 42（卑弥呼の館）	〒594-0083 和泉市池上町4-8-27 ☎0725-46-2162
大阪府	歴史館いずみさの	鎌14世紀頃の初夏の村 111・集落 112・政所 114・神宮寺と神社 117（復元模型「中世の村」全景）	〒598-0005 泉佐野市市場東1丁目295-1 ☎072-469-7140
大阪府	高槻市立今城塚古代歴史館	古今城塚古墳築造の様子 54（今城塚古墳築造ジオラマ）	〒569-1136 高槻市郡家新町48-8 ☎072-682-0820
大阪府	吹田市立博物館	平吉志部瓦窯跡群 96（吉志部瓦窯跡復元模型）、吉志部瓦窯 97（吉志部瓦窯実寸模型）	〒564-0001 吹田市岸部北4丁目10-1 ☎06-6338-5500
大阪府	千早赤阪村立郷土資料館	室千早城 127（千早城跡 模型）	〒585-0041 南河内郡千早赤阪村大字水分266 ☎0721-72-1588
兵庫県	神戸市立博物館	明外国人居留地 192（旧居留地模型）	〒650-0034 神戸市中央区京町24 ☎078-391-0035

鳥取県	上淀白鳳の丘展示館	飛上淀廃寺 金堂・丈六三尊像 72・上淀廃寺 金堂正面から見る堂内荘厳 73（金堂・丈六三尊像）、上淀廃寺 金堂内外陣・彩色仏教壁画 73（彩色仏教壁画）	〒689-3411 米子市淀江町福岡977-2 ☎0859-56-2271
島根県	出雲弥生の森博物館	弥西谷3号墓 32・墓上に柱を立てる 32・埋葬の様子 33（西谷3号墓1/10復元模型）	〒693-0011 出雲市大津町2760 ☎0853-25-1841
島根県	島根県立古代出雲歴史博物館	弥青銅器埋納 銅剣搬入 36・青銅器埋納 埋納儀礼 37（荒神谷遺跡青銅器埋納再現模型）、飛入海の宴 89（入海の宴復元模型）、平出雲大社古代本殿 104（出雲大社古代本殿1/10復元模型）	〒699-0701 出雲市大社町杵築東99-4 ☎0853-53-8600
島根県	松江市立松江歴史館	江松江城下 158（松江の城下）、渡海場の風景 160（渡海場の風景）	〒690-0887 松江市殿町279 ☎0852-32-1607
島根県	安来市立歴史資料館	江富田城 146（史跡富田城跡 ジオラマ模型）	〒692-0402 安来市広瀬町町帳752 ☎0854-32-2767
島根県	八雲立つ風土記の丘資料館	飛古代出雲の中心地 81（再現―古代の意宇― 奈良時代復元模型）	〒690-0033 松江市大庭町456 ☎0852-23-2485
山口県	萩博物館	江萩城 152（萩城復元模型）、萩城下町 174（萩城下町並復元模型）	〒758-0057 萩市大字堀内355 ☎0838-25-6447
愛媛県	松山市考古館	古葉佐池古墳2号石室 56（葉佐池古墳2号石室復元模型）	〒791-8032 松山市南斎院町乙67-6 ☎089-923-8777
香川県	香川県立ミュージアム	旧約2万年前の瀬戸内海 6（約2万年前の瀬戸内海）	〒760-0030 高松市玉藻町5-5 ☎087-822-0002
高知県	高知県立歴史民俗資料館	室中世環濠屋敷群 143（田村中世環濠屋敷群模型）	〒783-0044 南国市岡豊町八幡1099-1 ☎088-862-2211
福岡県	九州国立博物館	飛大宰府政庁 68（大宰府政庁復原模型）、大宰府政庁南門 70（大宰府政庁南門復原模型）、遣唐使船 86（遣唐使船模型）	〒818-0118 太宰府市石坂4-7-2 ☎050-5542-8600
福岡県	春日市奴国の丘歴史資料館	弥奴国の青銅器鋳造 34（青銅器鋳造工房復元ジオラマ）	〒816-0861 春日市岡本3-57 ☎092-501-1144
佐賀県	吉野ヶ里歴史公園	弥王と支配層の集会の様子 40・最高司祭者の神懸かりの様子 40（北内郭主祭殿原寸復原）、吉野ヶ里遺跡全景 40（吉野ヶ里遺跡全景航空写真）	〒842-0035 神埼郡吉野ヶ里町田手1843 ☎0952-55-9333
長崎県	壱岐風土記の丘古墳館	古「壱岐古墳群」双六古墳 50（双六古墳航空写真）、双六古墳の築造の様子 51（双六古墳の築造の様子）	〒811-5544 壱岐市勝本町布気触324 ☎0920-43-0809
鹿児島県	鹿児島県歴史・美術センター黎明館	江高炉 182（溶鉱炉模型）、明小菅修船場 189（小菅修船場模型）	〒892-0853 鹿児島市城山町7-2 ☎099-222-5100
鹿児島県	鹿児島県立石橋記念公園	江石橋 165（薩摩藩のアーチ石橋建造の想定模型）	〒892-0812 鹿児島市鹿児島市浜町1-3 ☎099-248-6661
鹿児島県	上野原縄文の森	旧上野原遺跡の復元集落 9（上野原集落遺跡 復元集落ジオラマ「9500年前の集落」）	〒899-4318 霧島市国分上野原縄文の森1-1 ☎0995-48-5701
沖縄県	沖縄県立博物館・美術館	江首里城正殿 184（首里城正殿模型）	〒900-0006 那覇市おもろまち3丁目1-1 ☎098-941-8200

1. 施設のリニューアル等により、掲載した模型が展示されていない場合があります。予めご了承ください。

2. 表中の「模型設置施設」と本文中の「所蔵」「写真提供」機関は、同一でない場合があります。

写真
（カバー表）城下町金沢の暮らしと町並み模型 p171 ／復元竪穴式石室 p44 ／上野原集落遺跡 復元集落ジオラマ「9500年前の集落」p9 ／銀座煉瓦街 p203 ／堅田館復元模型 鎌倉時代の加賀有力武士の館 p121 ／平城宮跡第一次大極殿 p79 ／大型掘立柱建物 復元 p17
（カバー裏）豊臣秀吉築造大坂城本丸復原模型 p148
（扉）朝日遺跡ロケーションジオラマ p25
（目次）朝日遺跡ロケーションジオラマ p22 ／田村中世環濠屋敷群模型 p143
（帯）双六古墳の築造の様子 p52

監修　五味文彦（ごみ　ふみひこ）

1946年生まれ。東京大学文学部教授を経て、現在は、東京大学名誉教授。放送大学名誉教授。『中世のことばと絵』（中公新書）でサントリー学芸賞を、『書物の中世史』（みすず書房）で角川源義賞を受賞するなど、常に日本中世史研究をリードしてきた。近年の著作に『文学で読む日本の歴史』全5巻（山川出版社）、『日本の中世を歩く−遺跡を訪ね、史料を読む』（岩波書店）、「『一遍聖絵』の世界」（吉川弘文館）など、多くの著書がある。

編集　坂井秀弥（さかい　ひでや）

1955年新潟県新潟市生まれ。関西学院大学大学院修了、博士（学術）。文化庁文化財部記念物課主任文化財調査官、奈良大学文学部文化財学科教授を経て、現在は奈良大学名誉教授、公益財団法人大阪府文化財センター理事長。専門は古代・中世の考古学と地域史、文化財政策など。主な著書に『古代地域社会の考古学』（同成社、2008）、『日本の史跡−保護の制度と行政−』（共著、名著刊行会、2004）。

編集協力　近江俊秀（文化庁主任文化財調査官）　波多野純建築設計室　森木博人　株式会社コミュニケーションカンパニー

協　　力　株式会社丹青社　株式会社さんけい　株式会社ヤマネ

復原模型で見る日本の歴史

2021年10月10日　第1版第1刷印刷
2021年10月20日　第1版第1刷発行

監　修　五味文彦
編　集　坂井秀弥
発行者　野澤武史
発行所　株式会社 山川出版社
　　　　東京都千代田区内神田1-13-13　〒101-0047
　　　　振替00120-9-43993
　　　　03(3293)8131（営業）　03(3293)1802（編集）
装　丁　山崎デザイン事務所　蔦見初枝
印　刷　半七写真印刷工業株式会社
製　本　牧製本印刷株式会社